Grammatik Deutsch
kurz & bündig

von
Heike Voit

Ernst Klett Verlag
Stuttgart · Düsseldorf · Leipzig

PONS
Grammatik Deutsch
kurz & bündig

von
Heike Voit

1. Auflage A1 [4] [3] [2] [1] | 2004 2003 2002 2001

© Ernst Klett Verlag GmbH, Stuttgart 2001
Internet: www.pons.de
e-mail: info@pons.de
Alle Rechte vorbehalten.

Redaktion: Renate Weber
Zeichnungen: Walter Uihlein, Altdorf
Einbandgestaltung: Erwin Poell, Heidelberg;
Designbüro MESCH, Mannheim
Layout/Satz: Fotosatz Kaufmann, Stuttgart
Druck: Druckerei zu Altenburg, Altenburg
Printed in Germany.
ISBN 3-12-560634-9

So benutzen Sie dieses Buch

Sie wollen die Regeln der deutschen Sprache auf einfache Weise erlernen oder wiederholen. Bei speziellen Fragen möchten Sie aber auch schnell und gezielt nachschlagen können.

Die **PONS Grammatik Deutsch kurz & bündig** wird Ihnen dabei helfen. Sie ist übersichtlich aufgebaut und die Regeln sind klar formuliert. Viele Beispielsätze machen die Grammatik verständlicher. Sie berücksichtigt außerdem die Sprachvarianten im deutschsprachigen Raum.

Die **PONS Grammatik Deutsch kurz & bündig** ist besonders für Lernende geeignet, die das Zertifikat Deutsch ablegen wollen.

Bei der Arbeit mit diesem Buch helfen Ihnen die folgenden Symbole.

 Hier wird auf andere Grammatikkapitel verwiesen.

 An dieser Stelle erhalten Sie Informationen zu Besonderheiten und Ausnahmen.

 Hier bekommen Sie zusätzliche Informationen.

 An dieser Stelle steht eine Zusammenfassung bzw. eine zusammenfassende Regel.

 Hier erhalten Sie Tipps, wie man die Regeln besser lernen kann.

Beim gezielten Nachschlagen hilft das Stichwortregister im Anhang.

Inhalt

Vorab 7
Laute und Buchstaben 7
Liste der Lautschriftzeichen 8

1	**Der Artikel**	9
1.1	Der Definitartikel	9
1.2	Die Verbindung von Präposition und Definitartikel . .	10
1.3	Der Indefinitartikel	10
1.4	Der Negationsartikel	11
1.5	Die Negation mit „nicht" bei Substantiven mit Definitartikel	11
1.6	Der Gebrauch der Artikel	12
1.7	Ohne Artikel	13

2	**Das Substantiv (Nomen)**	14
2.1	Das Genus des Substantivs	15
2.2	Der Numerus	16
2.2.1	Der Singular	16
2.2.2	Der Plural	19
2.3	Die Kasus – Nominativ, Genitiv, Dativ, Akkusativ . . .	21
2.3.1	Typen der Deklination im Singular	22
2.3.2	Bildung des Genitivs	23
2.4	Die Deklination im Plural	24

3	**Die Pronomen**	25
3.1	Die Personalpronomen	26
3.2	Die Anrede *du* oder *Sie*?	27
3.3	Der Gebrauch des Pronomens „es"	27
3.4	Das Reflexivpronomen	28
3.5	Das Possessivpronomen	29
3.6	Das Demonstrativpronomen	31
3.7	Die Relativ- und Interrogativpronomen	35
3.8	Die Indefinitpronomen	37

4	**Das Adjektiv**	42
4.1	Die Deklination des Adjektivs	42
4.1.1	Das Adjektiv ohne Artikel	43
4.1.2	Adjektiv nach Definitartikel	44
4.1.3	Adjektiv nach Indefinitartikel	45
4.2	Besonderheiten bei der Deklination	47
4.3	Substantivierte Adjektive	48
4.4	Andere Wortarten als Adjektive	48
4.5	Die Komparationsformen	48
4.5.1	Die Verstärkung von Adjektiven	50

5	**Die Zahlen**	51
5.1	Das Zahlwort als Adjektiv	52
5.1.1	Die Grundzahlen	53

5.1.2	Lust auf Mathematik?	54
5.1.3	Die Währungen im deutschsprachigen Raum	55
5.1.4	Die Jahreszahlen	55
5.1.5	Die Uhrzeit	55
5.1.6	Bruchzahlen, Gewichte und Maße	57
5.2	Die Ordnungszahlen	58
5.2.1	Das Datum	59
6	**Das Verb**	**60**
6.1	Das Vollverb	61
6.1.1	Verben mit einer Ergänzung	61
6.1.2	Reflexive Verben	62
6.1.3	Persönliche und unpersönliche Verben	62
6.1.4	Funktionsverben	62
6.1.5	Verben mit Zusätzen	63
6.2	Die Hilfsverben	65
6.3	Die Modalverben	66
6.3.1	Die Negation der Modalverben	68
6.4	Verben mit speziellen Bedeutungen	68
6.5	Der Infinitiv	69
6.5.1	Der Infinitiv ohne „zu"	69
6.5.2	Der Infinitiv mit „zu"	71
6.6	Die Partizipien	73
6.6.1	Das Partizip I	73
6.6.2	Das Partizip II	73
6.7	Die finite Form des Verbs	75
6.8	Die Bildung der Verbformen	75
6.8.1	Die regelmäßigen Verben	76
6.8.2	Die unregelmäßigen Verben	76
6.9	Die Personalformen des Verbs	77
6.9.1	Die Personalformen des regelmäßigen Verbs	77
6.9.2	Die Personalformen des unregelmäßigen Verbs	78
6.10	Die Tempora	78
6.10.1	Das Präsens	79
6.10.2	Das Perfekt	80
6.10.3	Das Präteritum	83
6.10.4	Das Plusquamperfekt	85
6.10.5	Das Futur I	85
6.10.6	Das Futur II	86
6.11	Die Modi	86
6.11.1	Der Indikativ	87
6.11.2	Die Konjunktive	87
6.11.3	Der Konjunktiv I	88
6.11.4	Der Konjunktiv II	91
6.11.5	Der Imperativ	93
6.12	Das Passiv	94
7	**Die Wortbildung**	**98**
7.1	Die Ableitungen	98
7.1.1	Die Ableitungen mit Präfixen	99
7.1.2	Die Ableitungen mit Verbzusätzen	100
7.1.3	Die Ableitungen mit Suffixen	101

| 7.2 | Die Zusammensetzungen (Komposita) | 103 |
| 7.2.1 | Was kann zusammengesetzt werden? | 104 |

8	**Unflektierbare Wörter**	**106**
8.1	Die Konkunktion	106
8.1.1	Nebenordnende Konjunktionen	106
8.1.2	Unterordnende Konjunktionen	108
8.2	Die Präpositionen	111
8.2.1	Präpositionen mit Akkusativ	112
8.2.2	Präpositionen mit Dativ	113
8.2.3	Präpositionen mit Akkusativ und Dativ	115
8.2.4	Präpositionen mit Genitiv	117
8.2.5	Verben mit festen Präpositionen	117
8.3	Das Adverb	117
8.3.1	Die lokalen Adverbien	118
8.3.2	Die direktionalen Adverbien	119
8.3.3	Die temporalen Adverbien	120
8.3.4	Die modalen Adverbien	122
8.3.5	Die kausalen Adverbien	124
8.3.6	Pronominaladverbien	125
8.4	Die Modalpartikel	126

9	**Die Sätze**	**127**
9.1	Die Satzglieder	127
9.1.1	Das Subjekt im Satz	127
9.1.2	Das Verb im Satz	127
9.1.3	Die Objekte im Satz	128
9.2	Die Satzarten	130
9.2.1	Der Hauptsatz	130
9.2.2	Der Aussagesatz	130
9.2.3	Die Negation im Satz	131
9.2.4	Der Fragesatz	131
9.2.5	Der Imperativsatz	132
9.3	Hauptsatzkombinationen	133
9.4	Haupt- und Nebensätze	133
9.4.1	Konjunktionale Nebensätze	134
9.4.2	Positionen der Elemente der konjunktionalen Nebensätze	137
9.4.3	Nebensätze, die mit „zu" + Infinitiv eingeleitet werden	137
9.4.4	Relativsätze	137
9.4.5	Nebensätze mit Fragewort	137

| **10** | **Grammatische Varianten des Standard-Sprachgebrauchs in Deutschland, Österreich und der Schweiz** | **138** |

| Anhang: Liste der unregelmäßigen Verben | | 141 |

| Stichwortverzeichnis | | 143 |

Vorab

In Deutschland, Österreich und der Schweiz spricht man Deutsch. Diese drei Länder haben, trotz nationaler Besonderheiten, eine gemeinsame Standardsprache, für die es festgelegte Rechtschreib-, Grammatik- und Ausspracheregeln gibt. Die wenigen grammatischen Unterschiede, die auch die geschriebene Standardsprache der einzelnen Länder betreffen, finden Sie im letzten Kapitel ▌▶ Kapitel 10.
Wer die deutsche Sprache erlernen möchte, muss sich also mit der Standardsprache vertraut machen. Sie ist sozusagen die offizielle Sprache, die beispielsweise in Berichten, Reportagen und Nachrichten verwendet wird.

Guten Morgen! Sie hören die Nachrichten.
Lernende, die in einem für sie fremdsprachigen Land leben, bemerken aber bald, dass es auch noch einen nichtoffiziellen Sprachgebrauch gibt - die Umgangssprache.

Morgen, haste schon das Neuste gehört?
Nicht unwesentlich für die Umgangssprache ist, in welcher Region sie gesprochen wird.

Ja, ick habe dat Neuste schon jehört. (typisch Berlin)

Laute und Buchstaben

Das deutsche Alphabet hat 26 große und 26 kleine Buchstaben:

A	B	C	D	E	F	G	H	I	J	K	L	M
N	O	P	Q	R	S	T	U	V	W	X	Y	Z
a	b	c	d	e	f	g	h	i	j	k	l	m
n	o	p	q	r	s	t	u	v	w	x	y	z

Umlaute: Ä Ö Ü bzw. ä ö ü
und das ß (allerdings nicht in der Schweiz, dort schreibt man immer „ss")

Im Deutschen werden die meisten Wörter so geschrieben, wie sie gesprochen werden. Trotzdem kann man nicht eindeutig von der Aussprache auf die Schreibung und umgekehrt schließen. Das ist für Mutter- und Nichtmuttersprachler gleichermaßen schwierig.

Wer sich bei der Schreibung unsicher ist, sollte in jedem Fall ein Wörterbuch zur deutschen Rechtschreibung zu Rate ziehen.

Liste der Lautschriftzeichen

Vokale		Konsonanten	
Laut	**Beispielwort**	**Laut**	**Beispielwort**
[a]	hat	[b]	Ball
[aː]	Abend	[ç]	mich
[ɐ]	Vater	[d]	Danke
[ɛ]	sprechen	[f]	fein
[ɛː]	zählen	[g]	geben
[eː]	gehen	[h]	Haus
[ə]	viele	[j]	ja
[ɪ]	mit	[kʰ]	Kind
[iː]	Ziel	[l]	Liebe
[ɔ]	oft	[m]	Mädchen
[oː]	Lohn	[n]	nein
[ʊ]	Mutter	[ŋ]	lang
[uː]	Fuß	[pʰ]	Paar
		[ʀ]	warum
Umlaute		[s]	missen, Maß
Laut	**Beispielwort**	[ʃ]	schon, Stein
[œ]	können	[tʰ]	Tisch
[øː]	schön	[v]	wo
[ʏ]	füllen	[x]	Loch
[yː]	fühlen	[z]	sehr
		[ʒ]	Garage
Doppelvokale		[ts]	Zeit, Blitz
Laut	**Beispielwort**	[tʃ]	deutsch
[aɪ]	bei		
[aʊ]	Haus		
[ɔɪ]	neu		

1 Der Artikel –
der Hund, ein Hund, kein Hund

Artikel stehen vor dem Substantiv. Sie haben die Funktion eines Begleiters.
Der Hund geht mit mir spazieren.

Es gibt folgende Artikel:

- **Definitartikel**: der Hund, die Katze, das Pferd
- **Indefinitartikel**: ein Hund, eine Katze, ein Pferd
- **Negationsartikel**: kein Hund, keine Katze, kein Pferd
- **ohne Artikel**: Hund, Katze, Pferd

 Die Artikel passen sich in Genus, Numerus, Kasus dem Substantiv an:

	Der Hund *ist schon alt.*	*Der Katze* *schmecken Mäuse.*	*Das Pferd* *frisst Gras.*
Genus: **Numerus:** **Kasus:**	maskulin Singular Nominativ	feminin Singular Dativ	neutral Singular Nominativ

➠ Siehe Kapitel 2 Substantive

1.1 Der Definitartikel –
der Hund, die Katze, das Pferd

Dieser Artikel wird auch **bestimmter** Artikel genannt, weil er etwas Konkretes oder schon Bekanntes bezeichnet.
*Das ist **der** Hund vom Nachbarn. **Die** Katze von nebenan kommt auch immer zu uns. Und **das** Pferd gehört den Kindern.*

der Hund   die Katze   das Pferd

Formen des Definitartikels:

	Singular			Plural
	maskulin	**neutral**	**feminin**	
Nominativ	*der* Hund	*das* Pferd	*die* Katze	*die* Tiere
Akkusativ	*den* Hund	*das* Pferd	*die* Katze	*die* Tiere
Dativ	*dem* Hund	*dem* Pferd	*der* Katze	*den* Tieren
Genitiv	*des* Hundes	*des* Pferdes	*der* Katze	*der* Tiere

9

1.2 Die Verbindung von Präposition und Definitartikel – *am Abend*

Der Definitartikel kann sich mit einigen Präpositionen verbinden.
⟶ Kapitel 8.2 Präpositionen

Die häufigsten Verbindungen:

	Zusammensetzung aus	
am	*an + dem*	*Am Montag gehen wir tanzen.*
ans	*an + das*	*Wir wollen **ans** Ufer schwimmen.*
aufs	*auf + das*	*Die Katze ist **aufs** Dach geklettert.*
beim	*bei + dem*	*Wir müssen pünktlich **beim** Arzt sein.*
im	*in + dem*	*Im Garten blühen jetzt Veilchen.*
ins	*in + das*	*Wir wollen **ins** Kino.*
vom	*von + dem*	*Vom Fenster aus sehe ich die Kinder.*
zum	*zu + dem*	*Zum Hafen ist es nicht weit.*
zur	*zu + der*	*Er geht nicht gern **zur** Schule.*

1.3 Der Indefinitartikel – *ein Hund, eine Katze, ein Pferd*

Dieser Artikel wird auch **unbestimmter** Artikel genannt, weil er etwas Neues oder Allgemeines bezeichnet.
*Gestern habe ich **einen** Hund gesehen. Das wird heute **ein** schöner Tag.*

Formen des Indefinitartikels

	Singular			Plural
	maskulin	neutral	feminin	
Nominativ	*ein* Hund	*ein* Pferd	*eine* Katze	---
Akkusativ	*einen* Hund	*ein* Pferd	*eine* Katze	---
Dativ	*einem* Hund	*einem* Pferd	*einer* Katze	---
Genitiv	*eines* Hundes	*eines* Pferdes	*einer* Katze	---

Im Plural gibt es keinen Indefinitartikel.

⟶ Im Kapitel 3 Pronomen gibt es weitere Beispiele für diese Formen.

1.4 Der Negationsartikel – *kein Hund, keine Katze, kein Pferd*

Mit dem Artikel **kein** kann man etwas **negativ** ausdrücken. Er setzt sich aus k + ein/eine/ein zusammen.

*Ich habe **keinen** Hund, **keine** Katze und **kein** Pferd. Ich habe nur einen Goldfisch.*

Kein steht vor Substantiven
– mit Indefinitartikel   *Sie ist eine gute Schauspielerin.*
                          Sie ist keine gute Schauspielerin.
– ohne Artikel   *Sie ist Schauspielerin.*
                          Sie ist keine Schauspielerin.

Formen des Negationsartikels

	Singular			Plural
	maskulin	neutral	feminin	
Nominativ	*kein* Hund	*kein* Pferd	*keine* Katze	*keine* Tiere
Akkusativ	*keinen* Hund	*kein* Pferd	*keine* Katze	*keine* Tiere
Dativ	*keinem* Hund	*keinem* Pferd	*keiner* Katze	*keinen* Tieren
Genitiv	*keines* Hundes	*keines* Pferdes	*keiner* Katze	*keiner* Tiere

Im Singular sind die Formen des Indefinit- und Negationsartikels gleich. Im Unterschied zu **ein** hat **kein** aber Pluralformen.

1.5 Die Negation mit „*nicht*" bei Substantiven mit Definitartikel

Steht bei der Verneinung vor dem Substantiv ein **Definitartikel**, wird **nicht** gebraucht. Es steht dann vor dem Definitartikel.

Das ist die Schauspielerin, zu der die Rolle der Julia passt.
*Das ist **nicht** die Schauspielerin, zu der die Rolle der Julia passt.*

1.6 Der Gebrauch der Artikel – *ein Hund* oder *der Hund?*

 Der Definitartikel bezeichnet etwas Bestimmtes oder Bekanntes. Der Indefinitartikel bezeichnet etwas Allgemeines oder Neues.

Indefinitartikel	**Definitartikel**
– Es geht um eine **neue** Sache: *Kaufe morgen bitte **ein** Brot.*	Die Sache ist schon **bekannt:** *Soll **das** Brot frisch sein?*
– Es geht um eine **neue** Person: *Ich habe **eine** Frau gesehen.*	Die Person ist schon **bekannt:** *Die **Frau** hatte grüne Haare.*
– Es geht um **keine spezielle** Sache: *Gib mir bitte **ein** Glas. (Es ist egal, welches.)*	Es geht um **eine spezielle** Sache: *Gib mir bitte **das** Glas. (Es ist genau zu identifizieren.)*
– bei **besonderen Eigenschaften** von nicht zählbaren Sachen: *Das ist aber **ein** schönes Wasser.*	bei **speziellen**, nicht zählbaren **Sachen:** *Das ist **das** klare Ostseewasser.*
– ebenso bei **Abstrakta:** *Das war **eine** große Freude.*	ebenso bei **Abstrakta:** *Das war **die** größte Freude seines Lebens.*

Die Artikel in Verbindung mit *„sein"* und *„werden"*:

Indefinitartikel	**Definitartikel**
– Es geht um eine **besondere Eigenschaft**	Es geht um eine **spezielle Person**
– der Berufsbezeichnung *Er ist **ein** guter Schauspieler.*	bei der Berufsbezeichnung *Er ist **der** Schauspieler, der den Romeo gespielt hat.*
– der sozialen Stellung *Er ist **ein** kluger König.*	bei der sozialen Stellung *Es ist **der** Sonnenkönig.*

Der *Definitartikel* steht außerdem bei Begriffen, die *einmalig* sind:

– geografische Eigennamen:	*die Alpen, der Bodensee, der Rhein*
– feminine Staatsnamen:	*die Türkei, die Schweiz, die Bundesrepublik Deutschland*
– Staatsnamen im Plural:	*die USA, die Philippinen*

– alle femininen und maskulinen Landschaftsnamen	*die Lüneburger Heide, der Schwarzwald*
– bekannte Bauwerke	*das Brandenburger Tor, der Eiffelturm*
– Namen für Institutionen	*das Arbeitsamt, das Rathaus*
– Namen für Persönlichkeiten	*der Papst, die Queen*
– Namen in der Umgangssprache (wie man miteinander spricht)	*Der Markus ist aber dick geworden.*
– Abstrakte Eigennamen (Epochen, historische Ereignisse):	*der Expressionismus, die Novemberrevolution*

1.7 Ohne Artikel

Kein Artikel steht bei allgemeinen Aussagen

– zu Personen	*Hans und Franz essen Eis.*
– zur Anrede von Personen	*Guten Tag, Herr Doktor!*
– zu Berufsbezeichnungen	*Er ist Schauspieler.*
– zu Angaben der Nationalität	*Ich bin Deutscher, du bist Franzose.*
– zu Angaben der Religion	*Sie ist Jüdin und er ist Moslem.*

Kein Artikel steht im Allgemeinen bei:

– nicht zählbaren Gegenständen	*Geh doch bitte Mehl kaufen.*
– ebenso bei Abstrakta	*Ich habe Schmerzen.*
– bei den Kontinenten	*Europa ist weit von Asien entfernt.*
– bei Ländern	*Er kommt aus Schweden.*
⇒ Ausnahmen im Kapitel 1.6	
bei Städten	*In Stockholm ist im Sommer viel los.*
– bei Überschriften	*Panik im Tokio-Express*
– oft bei Buchtiteln	*„Krieg und Frieden", „Harry Potter"*
– bei Aufzählungen	*Zu verkaufen: Kleines Haus mit 2 Zimmern, Küche, Bad und Garten*
– bei festen Verbindungen aus Substantiv und Verb	*Wäsche waschen ist heute kein Problem mehr. Zähne putzen nicht vergessen!*
– oft bei Substantiven in Verbindung mit Präpositionen	*Ich möchte in Ruhe gelassen werden. Zu Beginn des Films wird es immer still.*

 Verneinung mit kein-: Siehe Kapitel 1.4

2 Das Substantiv (Nomen) – *der Fußball, die Mannschaft, das Tor*

Substantive kann man im Text gut erkennen, weil sie immer großgeschrieben werden.

Außerdem haben sie noch 3 wichtige Merkmale:

1. das Genus: Das ist das grammatische Geschlecht.
Maskulinum: *der Löffel*
Femininum: *die Gabel*
Neutrum: *das Messer*

 Immer das Substantiv mit dem Artikel zusammen lernen, weil man daran das Geschlecht erkennen kann.

2. der Numerus: So wird die grammatische Zahl genannt.
Singular: *ein Exemplar*   – *der Topf*
Plural: ---   – *die Töpfe*

3. der Kasus: Das ist der grammatische Fall.
Der Tee schmeckt. Den Tee mag ich nicht.

Das Substantiv kann also den Kasus wechseln.

Vor den Substantiven können verschiedene Begleiter stehen:

– **Definit- und Indefinitartikel**   *das Haus, ein Haus*
  ⟹ Kapitel 1.1 und 1.3
– **andere Artikelwörter**   *jeder Mensch, diese Frau, dein Haus*
  ⟹ Kapitel 3
– **Adjektive**
  ⟹ Kapitel 4   *Das ist ein schöner Herbst.*
– **Zahlwörter**
  ⟹ Kapitel 5   *Es wiegt hundert Gramm.*
– **Partizipien**
  ⟹ Kapitel 6.6   *Er hat ein gebrauchtes Fahrrad.*

Hinter den Substantiven können Substantive im Genitiv stehen:
*Das ist die Geschichte **der Romanovs**.*
*Ich kann den Hund **unserer Nachbarin** nicht leiden.*
Ersetzen kann man Substantive durch **Pronomen** ⇒ Kapitel 3

Substantive bezeichnen:

- **Konkreta**
  Lebewesen   *Menschen, Tiere, Pflanzen*
                                     das Kind, der Löwe, die Fichte
  Dinge/Sachen   *das Buch, die Tasche, der Strumpf*
- **Abstrakta**   *die Aufregung, der Spaß, die Demokratie*
- Auch **Eigennamen** (Namen für Dinge und Lebewesen, die es nur einmal gibt) sind Substantive:
- Personennamen: *Paul, Marie*
- geografische Eigennamen: *Berlin, Rhein, Harz*
- historische Eigennamen: *Französische Revolution, Dreißigjähriger Krieg*

2.1 Das Genus des Substantivs – *der Mann, die Frau, das Kind*

Die deutsche Sprache kennt **drei** grammatische Geschlechter.
Die Artikel *der, die, das* machen das Geschlecht deutlich.

Maskulinum (=männlich)	Neutrum (=sächlich)	Femininum (=weiblich)
der Vater	**das** Kind	**die** Mutter
der Hund	**das** Futter	**die** Katze
der Zucker	**das** Brot	**die** Wurst

Ohne Artikel ist es oft schwer, das Genus der Substantive zu erkennen. Nur bei Personen ist es leicht, denn sie haben meist ein natürliches Geschlecht.

weibliche Person	männliche Person
die Frau	**der** Mann
die Mutter	**der** Vater
die Tante	**der** Onkel
die Großmutter	**der** Großvater

Und warum *„das Mädchen"*? Hier gilt die Regel leider nicht. Sexus (natürliches Geschlecht) und Genus sind leider nicht identisch (Sexus: feminin, Genus: neutral).

– Bei der Zuordnung zu einer Gruppe wird manchmal
nicht zwischen Mann und Frau unterschieden:
der Mensch, der Gast, das Mitglied
– ebenso bei Abkürzungen mit Endung *-i*:
der Spezi (Spezialist), der Azubi (Auszubildender)
– Das Geschlecht mancher Substantive ist nur am Artikel
zu erkennen, weil sich das Wort nicht ändert:
der Schlafende/die Schlafende, der/die Reisende
– Bei manchen Substantiven wechselt das Genus, weil es
regionale Unterschiede gibt:
der/das Bonbon, der/das Mus
⫸ Kapitel 10, österreichisches Deutsch

Außer bei den Personen gibt es keine festen Regeln, warum
ein bestimmtes Substantiv mit *der*, *die* oder *das* verbunden
ist. Aber es gibt Signale, nämlich die **Wortendungen**, die
bei der Genusbestimmung der Substantive helfen. ⫸ Ka-
pitel 2.2.1 Singular des Substantivs

2.2 Der Numerus – *das Buch, die Bücher*

Substantive haben in der Regel immer einen Singular und einen Plu-
ral.
Singular ist die grammatische Einzahl (*das Buch*).
Plural ist die grammatische Mehrzahl (*die Bücher*).

2.2.1 Der Singular – *das Buch*

Singular heißt Einzahl. Im Singular kommen die Substantive in den
drei Genera (feminin, maskulin, neutral) vor.

**Typische Wortendungen, mit denen man das Genus erken-
nen kann:**

feminine Wortendungen:	feminine Substantive (*die*):
--e	*die Katze, die Erde, die Blume*
--in (typisch bei femininen Berufen o. Ä.)	*die Freundin, die Ärztin, die Läuferin*
--frau (neue Endung für feminine Berufe)	*die Bürokauffrau, die Bankkauffrau*
--ei	*die Schneiderei, die Schweinerei, die Träumerei*

--keit (abgeleitet vom Adjektiv)	*die Süßigkeit, die Müdigkeit, die Herzlichkeit*
--heit	*die Gesundheit, die Krankheit, die Faulheit*
--schaft (typisch bei Kollektivbezeichnungen)	*die Freundschaft, die Brüderschaft, die Gesellschaft*
--ung (abgeleitet vom Verb)	*die Sendung, die Heizung, die Endung*
–Fremdwörter auf **-ät, -ik, -ion, -ie, -ur, -enz**	*die Universität, die Kritik, die Position, die Demokratie, die Kultur, die Existenz*

 Die Namen der Bäume und vieler Blumen sind feminin:
die Tanne, die Eiche, die Rose, die Lilie

neutrale Wortendungen:	neutrale Substantive (*das*):
--chen (Verkleinerung)	*das Häuschen, das Mäuschen, das Höschen*
--lein (Verkleinerung)	*das Häuslein, das Mäuslein, das Höslein*
--ment	*das Testament, das Dokument*
--nis	*das Geheimnis, das Gefängnis, das Gleichnis*
-- tum	*das Griechentum, das Brauchtum, das Eigentum*
-- um	*das Datum, das Museum, das Zentrum*

Außerdem sind **substantivierte Wörter** (das heißt, sie waren vorher keine Substantive) **neutral**:
–Substantivierte Verben im Infinitiv (Grundform):

–Substantivierte Adjektive:

maskuline Wortendungen:	maskuline Substantive (*der*):
--er	*der Maurer, der Bäcker, der Spieler*
--en	*der Besen, der Rasen, der Ofen*
--m	*der Strom, der Dom, der Film*
--ig	*der Pfennig, der Essig, der Honig*
--ling	*der Zwilling, der Liebling, der Frühling*
Fremdwörter:	
--or	*der Motor, der Katalysator, der Organisator*
--ismus	*der Kapitalismus, der Kollektivismus, der Pessimismus*
--ist	*der Pessimist, der Optimist, der Polizist*

Was ist noch maskulin?

– Die Namen der Jahreszeiten, Monate und Wochentage: *der Sommer, der Winter, der Mai, der Herbst, der Montag, der Freitag*
– die Himmelsrichtungen: *der Norden, der Süden, der Osten, der Westen*
– Automarken: *der Skoda, der Volvo, der BMW*
– Substantivierte Verben ohne Endung: *der Gang, der Verlust*

 Manche Wörter gibt es **nur im Singular**, weil man sie **nicht zählen** kann.

– Abstrakta:	*die Geduld, der Fleiß, der Mut*
– Stoffnamen aus der Natur:	*das Gold, der Granit, der Sauerstoff*
– im Zusammenhang mit dem Wetter:	*der Schnee, der Regen, der Nebel*
– tierische und pflanzliche Produkte:	*das Heu, die Milch, das Leder*
– Kollektiva (Sammelnamen):	
– für Dinge:	*das Geschirr, das Gepäck, das Besteck*
– für Personengruppen:	*die Verwandtschaft, der Adel, das Publikum*
– für Tiere und Pflanzen:	*das Wild, das Getreide, das Obst*
– Substantivierte Infinitive:	*das Gehen, das Laufen, das Lernen*
– Mengen und Maße:	*500 Gramm Salami, 2 Meter Stoff*

Im Deutschen gibt es sehr viele **Komposita**. Sie bestehen aus Bestimmungswort + Hauptwort. Das Kompositum trägt dann den Artikel des Hauptwortes. Diese werden ausführlich im ▦▶ Kapitel 7.2 Komposita besprochen.

2.2.2 Der Plural – *die Bücher*

Im Plural stehen die Substantive in der Mehrzahl. Das Geschlecht spielt keine Rolle. Der Artikel heißt für alle Substantive **die**.

Es gibt 5 Typen der Pluralbildung:

	Singular	Plural	
Typ 1: -e (oft mit Umlaut)	der Schirm der Frosch	die Schirme die Frösche	(viele) einsilbige Substantive
	das Fest	die Feste	
	die Luft die Braut	die Lüfte die Bräute	(alle Feminina mit Umlaut!)
	das Gedicht das Verbot	die Gedichte die Verbote	Präfix+Neutra
	der Kommissar der Salat	die Kommissare die Salate	mehrsilbige Maskulina
	der Schmetterling	die Schmetterlinge	Maskulina mit -ling
! +s	das Geheimnis	die Geheimnisse	Neutra mit -nis

Typ 2: -n, -en			viele Feminina (auch feminine Fremdwörter)
-n	die Seife	die Seifen	bei Wortendung auf Vokal
	die Feder	die Federn	oder auf -er
	die Regel	die Regeln	oder auf -el
	der Junge	die Jungen	Maskulina auf -e
-en	die Tat	die Taten	bei Wortendung auf Konsonant
	die Tischlerei	die Tischlereien	oder auf -ei
	die Frau	die Frauen	oder auf -au
! + n	die Freundin	die Freundinnen	oder auf -in

Typ 3: – (endungslos)	der Tunnel	die Tunnel	häufig Maskulina auf -el
	der Mantel	die Mäntel	-el mit Umlaut
	der Vater	die Väter	-er mit Umlaut
	der Ofen	die Öfen	-en mit Umlaut
	das Mittel	die Mittel	Neutra auf -el
	das Leben	die Leben	auf -en
	das Wunder	die Wunder	auf -er
	das Mäuschen	die Mäuschen	Diminutive mit -chen
	das Häuslein	die Häuslein	oder -lein

Typ 4: -er	das Feld das Holz	die Felder die Hölzer	einsilbige Neutra Neutra mit Umlaut
	der Mann der Mund	die Männer die Münder	einige Maskulina mit Umlaut

Typ 5: -s	das Taxi	die Taxis	bei vielen Fremdwörtern, die auf Vokal enden (außer -e)

Bei Fremdwörtern mit den Beispielendungen steht im Plural -en:

die Firma	die Firmen
der Atlas	die Atlanten
die Praxis	die Praxen
das Museum	die Museen
der Kaktus	die Kakteen
der Globus	die Globen

Bei manchen Substantiven bleiben die fremden Pluralendungen erhalten:

das Lexikon   die Lexika
das Praktikum die Praktika

Manche Substantive gibt es **nur im Plural**. Diese Wörter fassen Konkreta oder Abstrakta auf spezielle Weise zu Gruppen zusammen.

– Geografische Bezeichnungen: *die Alpen, die Antillen, die USA*

- Personengruppen: *die Eltern, die Geschwister, die Leute*
- Zeitabschnitte: *die Ferien, Flitterwochen*
- Kollektiva aus dem Handel: *Lebensmittel, Spirituosen, Textilien*
- außerdem: *die Finanzen, die Personalien, die Papiere*

 Lernen Sie die Substantive gleich mit Artikel, Singular-
und Pluralform.

2.3 Die Kasus – Nominativ, Genitiv, Dativ, Akkusativ

Das Substantiv steht im Satz in Beziehung zu anderen Wörtern. Diese
Beziehung wird durch die vier Kasus ausgedrückt, die das Substantiv
und den dazugehörigen Artikel verändern. Das nennt man die **Dekli-
nation** des Substantivs.

Man erkennt die Kasus mit Hilfe der folgenden Fragewörter:

der Nominativ	*Wer?* (für Personen) oder *Was?* (für Sachen)
der Akkusativ	*Wen?* (für Personen) oder *Was?* (für Sachen)
der Dativ	*Wem?*
der Genitiv	*Wessen?*

Der Inspektor des Kommissariats hat den Dieb dem Gericht übergeben.

- **Wer** hat den Dieb dem Gericht übergeben? **Der** Inspektor.
  (Nominativ)
- **Wen** hat der Inspektor dem Gericht übergeben? **Den** Dieb.
  (Akkusativ)
- **Wem** wurde der Dieb übergeben? **Dem** Gericht.
  (Dativ)
- **Wessen** Inspektor war das? Der Inspektor **des** Kommissariats.
  (Genitiv)

Wie sich Artikel und Substantiv durch den Kasus verändern, zeigt der
nächste Punkt.

2.3.1 Typen der Deklination im Singular

Der Artikel zeigt Genus und Kasus des Substantivs. Das Substantiv selbst hat nur wenige Endungen.

Typ 1:

Hierzu gehören die meisten Maskulina und alle Neutra (bis auf *Herz*).
Ihr Merkmal ist die Genitivendung **-s**, **-es**
Manchmal steht auch im Dativ die Endung **-e**. (*Im Grunde genommen, ist es gar nicht so schwer.*)

Kasus	Maskulinum	Neutrum	Beispielsatz
Nominativ	der/ein Maler	das/ein Bild	*Der Maler malt ein Bild. Das Bild ist schön.*
Akkusativ	den/einen Maler	das/ein Bild	*Die Landschaft hat den Maler inspiriert, das Bild zu malen.*
Dativ	dem /einem Maler	dem/einem Bild(e)	*Dem Maler gefielen die Blumen auf dem Bild von van Gogh.*
Genitiv	des/eines Malers	des Bildes/ eines Bildes	*Eines der Bilder des Malers hängt in der Galerie.*

Typ 2 = n-Deklination:

Substantive der n-Deklination sind leicht zu erkennen. Es sind:
– **maskuline Lebewesen**, die auf **-e** enden: *der Löwe, der Rabe, der Junge, der Kunde*
– sowie **Nationalitäten** mit der Endung **-e**: *der Russe, der Ire, der Türke, der Deutsche*
– ein paar **weitere Maskulina**, die ebenfalls meist Lebewesen bezeichnen: *der Bär, der Bauer, der Nachbar*
– **Fremdwörter** als maskuline Berufsbezeichnung, die auf **-ant**, **-ent**, **-ist**, **-at**, **-oge**, **-graf** enden: *der Laborant, der Assistent, der Internist, der Advokat, der Pädagoge, der Fotograf*

Kasus	Maskulinum	Beispielsatz
Nominativ	der/ein Affe	*Der Affe klettert auf den Baum.*
Akkusativ	den/einen Affen	*Dort streichelt er einen anderen Affen.*
Dativ	dem/einem Affen	*Dem Affen gefällt das.*
Genitiv	des/eines Affen	*Die Hände des Affen sind geschickt.*

Typ 2 hat außer im Nominativ immer die Endung -e(n)

Typ 2.1:

Hierzu gehören einige maskuline Abstrakta -e: *Name, Buchstabe, Wille* usw. und nur **ein** Neutrum, nämlich *Herz*.

Kasus	Maskulinum	Neutrum
Nominativ	der/ein Gedanke	das/ein Herz
Akkusativ	den/einen Gedanken	das/ein Herz
Dativ	dem/einem Gedanken	dem/einem Herzen
Genitiv	des/eines Gedankens	des/eines Herzens

Typ 2.1 wird wie Typ 2 gebildet, hat aber im Genitiv zusätzlich ein **-s**.

Typ 3: Feminina

Hierzu gehören alle Feminina. Sie sind **endungslos**.

Kasus	Feminina	Beispielsatz
Nominativ	die/eine Suppe	*Die Suppe war salzig.*
Akkusativ	die/eine Suppe	*Der Gast mochte die Suppe nicht.*
Dativ	der/einer Suppe	*Der Suppe sah man es nicht an.*
Genitiv	der/einer Suppe	*Die Köchin der Suppe war nämlich verliebt.*

2.3.2 Bildung des Genitivs

Der Genitiv spielt im Deutschen eine kleinere Rolle als die anderen Kasus. Da er aber einige Besonderheiten hat, sind sie hier aufgeführt.

1. keine Endungen:

– bei den meisten **femininen** Substantiven: *Das ist Lippenstift der Frau.*
– bei Eigennamen mit Artikel: *Die Familie des Bertolt Brecht wusste, dass er gern rauchte.*

23

2. Endung -es:

– bei **maskulinen** und **neutralen** Substantiven:
– **einsilbige**: *Am Ende des Tages schmeckt ein gutes Glas Wein.*
– mit **betonter Endsilbe**: *Aufgrund seines Erfolges wurde er Chef.*
– Substantivendung auf **-s, -ß, -sch, st, -z, -x**: *Am Rande des Glases saß eine Fliege.*
– **aber**: bei Personennamen auf **-s, -ß**, steht ein **Apostroph**: *Max' Brille ist kaputt. Thomas' Brille sieht aber auch nicht besser aus.*

3. Endung -s:

– **mehrsilbig**: *An seinem Geburtstag tranken sie des Morgens schon Sekt.*
– meist bei Substantivendung auf **Vokal**: *Der Geruch des Kaffees macht Appetit.*
– **Eigennamen ohne Artikel**:
– **Personennamen**: *Vaters Wunsch ist eine Reise in die Hauptstadt.*
– geografische Eigennamen: *Im Zentrum Berlins will er sich die Museen anschauen.*

4. Endung -e(n)

– **maskuline** Substantive, die **Lebewesen** bezeichnen und den Plural auf **-en** bilden: *Die Höhle des Bären ist im Wald.*
– Substantive, die **aus Adjektiven gebildet** wurden: *Die Blumen des Bösen sind in der Literatur bekannt.*

 Vor allem in der mündlichen Sprache ersetzen von + Dativ oft den Genitiv. *(Valerias Eltern = die Eltern von Valeria; Peters Frau = die Frau von Peter; Stuttgarts Bürgermeister = der Bürgermeister von Stuttgart)*

2.4 Die Deklination im Plural

Bei der Deklination im Plural gibt es verschiedene Typen. Sie richten sich wiederum nach den Wortendungen im Singular.

Kasus	Typ 1: -e	Typ 2: -(e)n	Typ 3: (keine Endung)	Typ 4: -er	Typ 5: -s
Nominativ	die Fische	die Flaschen	die Flügel	die Kinder	die Büros
Akkusativ	die Fische	die Flaschen	die Flügel	die Kinder	die Büros
Dativ	den Fischen	den Flaschen	den Flügeln	den Kindern	den Büros
Genitiv	der Fische	der Flaschen	der Flügel	der Kinder	der Büros

 Im Plural bleiben die Substantive außer im Dativ unverändert. Der Dativ Plural endet immer auf **-n**. Nur Typ 5 hat in allen Fällen die Pluralendung **-s**.

3 Die Pronomen – *du, dich, dein* ...

Pronomen gehören in die Gruppe der Artikelwörter. Sie haben die Aufgabe, das Substantiv näher zu erklären. Im Text benutzt man sie häufig, um Wiederholungen zu vermeiden.

Sie können im Satz als Begleiter 👥 eines Substantivs auftreten. Wie die Artikel stehen sie dann vor dem Substantiv, zu dem sie gehören.
Die Frau arbeitet in der Schule.
Seine *Frau arbeitet in der Schule.*

Sie können aber auch als Stellvertreter 👤 ein Substantiv oder eine Wortgruppe ersetzen.
Sie *arbeitet in der Schule.*

Zu den Pronomen gehören:

Die Personalpronomen	*ich wasche heute*
Die Reflexivpronomen	*ich wasche **mich***
Die Possessivpronomen	***mein** Waschlappen*
Die Demonstrativpronomen	***dieser** Waschlappen*
Die Relativpronomen	*die Seife, **die** ich brauche ...*
Die Interrogativpronomen	***Welche** Seife?*

Genus des Pronomens: Es hängt vom Substantiv ab, das begleitet oder ersetzt wird. *seine Frau, ihr Mann*
Numerus: Pronomen können im Singular und Plural stehen.
mein Auto, meine Autos
Kasus: Pronomen treten im Nominativ, Genitiv, Dativ und Akkusativ auf.
Mutter fährt mit meinem Auto. Das hier ist das Auto meiner Tante.

👥 Wenn Pronomen Substantive begleiten, richten sie sich immer in Numerus, Genus und Kasus nach dem Substantiv, vor dem sie stehen.
*Klaus trägt **seinen Koffer**.*
Numerus: Pronomen und Substantiv stehen in der 3. Person Singular.
Genus: Pronomen und Substantiv sind maskulin.
Kasus: Pronomen und Substantiv stehen im Akkusativ.

👤 Wenn Pronomen Substantive oder Wortgruppen vertreten, beziehen sie sich meist auf ein Substantiv oder eine Wortgruppe des Satzes davor und stehen dann im gleichen Numerus und Genus.
*Er hat **seinen Koffer** in der Hand. Er trägt **ihn** zum Bahnhof.*
Numerus: ihn und **sein Koffer** stehen in der 3. Person Singular.
Genus: ihn und **sein Koffer** sind maskulin.

3.1 Die Personalpronomen – *ich lerne, du lernst*

Das Personalpronomen ersetzt Personen, Personengruppen oder Sachen. Im Singular und Plural gibt es jeweils 3 Personalpronomen.

Singular
1. Person : *ich* – der Sprecher
2. Person: *du* – eine Person wird angesprochen
3. Person: *er/sie/es* – es wird über eine Person oder Sache gesprochen

Die 3. Person Singular richtet sich nach dem Genus des Substantivs.

Plural
1. Person: *wir* – eine Personengruppe spricht über sich
2. Person: *ihr* – eine Personengruppe wird angesprochen
3. Person: *sie* – über eine Personengruppe oder Sachen wird gesprochen
Sie – bei einer höflichen Anrede

Die Deklination der Personalpronomen

Singular	1. Person	2. Person	3. Person		
			maskulin	feminin	neutrum
Nominativ	*ich*	*du*	*er*	*sie*	*es*
Akkusativ	*mich*	*dich*	*ihn*	*sie*	*es*
Dativ	*mir*	*dir*	*ihm*	*ihr*	*ihm*
Genitiv	*meiner*	*deiner*	*seiner*	*ihrer*	*seiner*

Plural	1.Person	2. Person	3.Person	Höflichkeitsform
Nominativ	*wir*	*ihr*	*sie*	*Sie*
Akkusativ	*uns*	*euch*	*sie*	*Sie*
Dativ	*uns*	*euch*	*ihnen*	*Ihnen*
Genitiv	*unser*	*euer*	*ihrer*	*Ihrer*

Die höfliche Anrede schreibt man immer groß.

3.2 Die Anrede *du* oder *Sie*?

Oft ist es schwierig zu entscheiden, wann „du" und wann „Sie" benutzt wird. Es gibt dafür keine festen Regeln, aber Hilfestellungen.

du	*Ich freue mich, dass du kommst.*

– schafft eine persönliche Atmosphäre.
– Deshalb benutzt man es bei der Anrede von **Kindern**, **Verwandten** und **Freunden**.
– **Arbeitskollegen** duzen sich auch oft, wenn sie sich gut verstehen.

Sie	*Ich freue mich, dass Sie kommen.*

– ist höflich gemeint und schafft Distanz.
– Man verwendet es bei der Anrede von **Fremden**, gegenüber **Chefs** und in allen **Institutionen**.
– Gegenüber Älteren benutzt man ebenfalls das höfliche „**Sie**".

 Im Zweifelsfall benutzt man das „**Sie**" erst einmal und wartet, wie der Gesprächspartner reagiert.

3.3 Der Gebrauch des Pronomens „es" – *es regnet*

Es hat verschieden Funktionen im Satz:

es als Pronomen	*Wie war das Konzert? Es war teuer.*
es ersetzt ein Adjektiv (*es* ist unbetont und kann nicht an erster Stelle im Satz stehen.)	*Das Konzert war **teuer**. Die CD war es zum Glück nicht.*
es ersetzt einen Teilsatz	*Wann fängt die Vorstellung an? Ich weiß es nicht.*
es als formales Subjekt (wenn kein anderes im Satz steht) bei Wetterbezeichnungen bei Bezeichnungen für Geräusche bei Zeitangaben in festen Wortwendungen (*es* ist unbetont und kann an erster Stelle oder direkt nach dem Verb stehen.)	 *es regnet, es schneit ...* *es klopft, es rauscht ...* ***Es ist Mittag, Nacht** es ist zwölf Uhr, ...* *Wie geht es Ihnen heute?, Es war einmal vor langer, langer Zeit ...* ***Es riecht gut beim Bäcker.** **Es schmeckt gut.** Gut riecht es hier.*
es als Platzhalter (*Es* steht an erster Stelle vor dem Verb. Es verschwindet, wenn ein anderes Element auf Pos. I steht.)	***Es kamen viele Leute in die Ausstellung.** In die Ausstellung kamen viele Leute.*

3.4 Das Reflexivpronomen – *das gefällt mir*

Das Reflexivpronomen bezieht sich immer auf das Subjekt des Satzes.
Ich habe Schmerzen, bedeutet, *mir tut etwas weh.*
Und wenn Alasdair Schmerzen hat, *tut ihm etwas weh.*

Es gibt „echte" und „unechte" Reflexivpronomen.

– Wenn das Reflexivpronomen direkt zum Verb gehört, ist es ein echtes Reflexivpronomen.
Ich wundere mich. („ich wundere" kann nicht alleine stehen)
– Wenn das Reflexivpronomen nur eine Ergänzung zum Verb ist, spricht man von einem unechten Reflexivpronomen. Es kann also auch alleine stehen.
Ich male mich. aber auch: *Ich male.*

Die Deklination der Reflexivpronomen

Das Reflexivpronomen wird nur im Dativ und Akkusativ gebraucht.

Dativ	Akkusativ
*Ich kaufe **mir** ein Auto.*	*Ich dusche **mich** jeden Morgen.*
*Du kaufst **dir** ein Fahrrad.*	*Du duscht **dich** jeden Abend.*
*Er/sie/es kauft **sich** ein Boot.*	*Er/sie/es duscht **sich** nicht gern.*
*Wir kaufen **uns** ein Boot.*	*Wir duschen **uns** häufig.*
*Ihr kauft **euch** einen alten Ford.*	*Ihr duscht **euch** selten.*
*Sie kaufen **sich** gar nichts.*	*Sie duschen **sich** gar nicht.*
*Und was möchten Sie **sich** kaufen?*	*Duschen Sie **sich** gern kalt?*

	Dativ	Akkusativ
ich	*mir*	*mich*
du	*dir*	*dich*
er	*sich*	*sich*
wir	*uns*	*uns*
ihr	*euch*	*euch*
sie	*sich*	*sich*

Die Deklination der Personal- und Reflexivpronomen ist identisch, bis auf die 3. Person Singular und Plural: **sich**.

Das reziproke Pronomen

Von einem **reziproken Pronomen** spricht man, wenn die Wechselbeziehung zwischen mehreren Personen oder Sachen zueinander ausgedrückt werden soll.

Die beiden alten Frauen stützen sich gegenseitig.
Sie helfen sich.

Das reziproke Pronomen in Verbindung mit Präpositionen bildet man mit **-einander**.

Die Kinder spielen miteinander.
Die Bücher lagen übereinander.
Sie haben zueinander gefunden.

3.5 Das Possessivpronomen – *meine Grammatik*

Das Possessivpronomen zeigt den Besitz an: *Dort steht mein Haus.* ... oder eine Zugehörigkeit: *Und da ist meine Familie.*

Zu jedem Personalpronomen gibt es ein passendes Possessivpronomen.

Personal-pronomen	Possessiv-pronomen	
ich	*mein*	**Ich** habe **mein** Geld verloren.
du	*dein*	**Du** hast **dein** Geld auf der Bank.
er	*sein*	**Er** hat **sein** Geld verschenkt.
sie	*ihr*	**Sie** hat **ihr** Geld verborgt.
es	*sein*	**Es** (das Kind) hat **sein** Geld versteckt.
Plural	**Plural**	
wir	*unser*	**Wir** wollen **unser** Geld wiederhaben.
ihr	*euer*	**Ihr** wollt **eure** Aktien verkaufen?
sie	*ihr*	**Sie** wollen **ihr** Geld jetzt an der Börse anlegen.
Sie	*Ihr*	Wollen **Sie** mit **Ihrem** Geld spekulieren?

Personal- und Possessivpronomen stimmen in Person- und Numerus überein. Außerdem gibt es in der 3. Person Singular eine Übereinstimmung im Genus.

Der Begleiter und sein Substantiv stimmen überein in:

Das Futter **meines Hundes** steht unten im Regal.	
Numerus: Singular	mein + Hund
Genus: maskulin	mein + der Hund
Kasus: Genitiv	meines + Hundes

 Wenn man schon weiß, wer oder was gemeint ist, benutzt man in der Umgangssprache gern den Stellvertreter.

„Besitz"	Stellvertreter für den „Besitz"
Singular	Singular
Der Hund ist sehr zutraulich.	Das ist mein**er**.
Die Katze läuft mir nach.	Das ist mein**e**.
Das Pferd ist sehr gepflegt.	Das ist mein**s**.
Plural	Plural
Wem gehören **die Vögel?**	Das sind mein**e**.

Der Stellvertreter stimmt mit dem „Besitz" in Numerus und Genus überein.

Die Deklination des Possessivpronomens

 Das Possessivpronomen als Begleiter wird wie **kein** dekliniert.
Ich habe den Ring an meiner linken Hand.

Singular	maskulin	feminin	neutrum
Nominativ	mein Arm	meine Hand	mein Gesicht
Akkusativ	meinen Arm	meine Hand	mein Gesicht
Dativ	meinem Arm	meiner Hand	meinem Gesicht
Genitiv	meines Armes	meiner Hand	meines Gesichtes
Plural			
Nominativ	meine Beine		
Akkusativ	meine Beine		
Dativ	meinen Beinen		
Genitiv	meiner Beine		

Die anderen Possessivpronomen werden genauso dekliniert.

Als Stellvertreter wird das Possessivpronomen wie ein Definitartikel dekliniert. *Das ist meiner. (mein Ring)*

Singular	maskulin *(der Ring)*	feminin *(die Kette)*	neutrum *(das Armband)*
Nominativ	*meiner*	*meine*	*mein(e)s*
Akkusativ	*meinen*	*meine*	*mein(e)s*
Dativ	*meinem*	*meiner*	*meinem*
Genitiv	*meines*	*meiner*	*meiner*
Plural			
Nominativ	*meine*		
Akkusativ	*meine*		
Dativ	*meinen*		
Genitiv	*meiner*		

In der Endsilbe kann in der Umgangssprache das -e ausfallen.

 Bei **unser** und **euer** kann das **e** in der Endsilbe in folgenden Fällen wegfallen.

Singular	*unser*	*euer*
maskulin	*unser Hund*	*euer Hund*
feminin	*uns(e)re Schildkröte*	*eu(e)re Schildkröte*
Plural	*uns(e)re Kaninchen*	*eu(e)re Kaninchen*

3.6 Das Demonstrativpronomen – *dieses Wort*

Die Demonstrativpronomen zeigen auf etwas oder geben einen Hinweis.
*Sie müssen in **diese** Richtung gehen.*

Sie können auch auf etwas schon Gesagtes weisen.
*Welches Kleid gefällt Ihnen? Ich nehme **dieses**.*

der, die, das – *Ich nehme das hier.*
Sie werden hier nicht als Artikel, sondern als Demonstrativpronomen gebraucht. In dieser Funktion werden sie stärker betont. *Das Hemd gefällt mir.* **Das** *habe ich selbst genäht.*

Begleiter 👫	Stellvertreter 👤
Der Wein *schmeckt mir gut.*	**Den** *kaufe ich immer in Frankreich.*

 „Das" wird häufig in der Umgangssprache benutzt:
Ich bin umgezogen. **Das** *habe ich noch gar nicht gewusst.*
Ich habe einen kleinen Bruder. **Das** *glaube ich dir nicht.*

Die Deklination

👫 Der Begleiter wird wie der Definitartikel dekliniert.
⟹ Kapitel 1.1

👤 Der Stellvertreter wird bis auf den Genitiv wie der Definitartikel dekliniert.

	maskulin	feminin	neutral	Plural
Singular	*dessen*	*deren*	*dessen*	*deren/ derer*

 Der Genitiv wird so selten gebraucht, dass man ihn nicht unbedingt lernen muss.

dieses – jenes – *Wir haben über dieses und jenes gesprochen.*
Sie machen auf einen Unterschied zwischen ganz bestimmten Dingen oder Personen aufmerksam.

👫 Begleiter	👤 Stellvertreter
Diese Wurst schmeckt gut.	*Von* **dieser** *möchte ich gern 50 Gramm.*

Dieser und **jener** werden oft als Paar verwendet.
Wir haben über dieses und jenes gesprochen.
Die Unterschiede zwischen Personen und Dingen werden nacheinander aufgezählt.

Wir sind mit zwei Familien befreundet.	
zuerst gesagt	**danach gesagt**
Diese Familie kommt aus Berlin.	*Jene Familie kommt aus Weimar.*
oder:	
Diese kommt aus Berlin.	*Jene aus Weimar.*

<u>Die Deklination</u>

Dieser und **jener** haben als Begleiter und Stellvertreter die gleiche Deklination. Sie werden wie der Definitartikel dekliniert:

Singular	maskulin	feminin	neutral
Nominativ	*dieser Raum*	*diese Tür*	*dieses Fenster*
Akkusativ	*diesen Raum*	*diese Tür*	*dieses Fenster*
Dativ	*diesem Raum*	*dieser Tür*	*diesem Fenster*
Genitiv	*dieses Raumes*	*dieser Tür*	*dieses Fensters*
Plural			
Nominativ	*diese Räume*		
Akkusativ	*diese Räume*		
Dativ	*diesen Räumen*		
Genitiv	*dieser Räume*		

Die Kurzform von **dieses** als Stellvertreter ist **dies**.
Dies musst du dir merken!

Zusammengesetzte Demonstrativpronomen – *derselbe Mann*

derselbe, dieselbe, dasselbe – *Ich habe dasselbe Gefühl wie du.*

Diese Demonstrativpronomen drücken eine Identität aus. Sie werden mit dem **Definitartikel** und **selb(st)** gebildet.

Begleiter	**Stellvertreter**
Du hörst immer **dieselbe** *CD.*	*Das stimmt nicht. Es ist nicht* **dieselbe.**

<u>Die Deklination</u>

Beide Teile des Pronomens müssen dekliniert werden.
Die Deklination ist für den Begleiter und Stellvertreter gleich.

Singular	maskulin	feminin	neutral
Nominativ	*derselbe Schuh*	*dieselbe Sandale*	*dasselbe Paar*
Akkusativ	*denselben Schuh*	*dieselbe Sandale*	*dasselbe Paar*
Dativ	*demselben Schuh*	*derselben Sandale*	*demselben Paar*
Genitiv	*desselben Schuhes*	*derselben Sandale*	*desselben Paar(e)s*
Plural			
Nominativ	*dieselben Schuhe*		
Akkusativ	*derselben Schuhe*		
Dativ	*denselben Schuhen*		
Genitiv	*dieselben Schuhe*		

 Unterschied zwischen **dasselbe** und **das gleiche**:
dasselbe = identisch   *das gleiche* = ähnlich
Dasselbe Kleid ist nämlich nicht das gleiche Kleid.

derjenige, diejenige, dasjenige – *Derjenige, <u>der Deutsch lernen will</u>, besucht einen Kurs.*

Diese Pronomen weisen vorwärts. Es folgt dann ein Nebensatz, auf den sie verweisen. Sie werden mit dem **Definitartikel** und **-jenig** gebildet.

Begleiter	Stellvertreter
Diejenigen Eltern, die beim Renovieren der Schule helfen wollen, treffen sich um 8 Uhr.	*Diejenigen, die nicht helfen, können Geld spenden.*

Die Deklination
Begleiter und Stellvertreter werden wie *derselbe/dieselbe/dasselbe* dekliniert.

solcher, solche, solches – *Ich will barfuß im Schnee laufen.*
Solche verrückten Ideen kannst nur du haben.

Diese Pronomen beziehen sich auf etwas vorher Genanntes und haben die Bedeutung von: *so einer, so eine, so eines*.

Begleiter	Stellvertreter
Das ist aber schmutzige Wäsche. *Solche Wäsche kommt sofort in die Waschmaschine.*	*Solche kommt sofort in die Waschmaschine.*

Die Deklination
Die Deklination ist wie bei **dieser**.

Im Genitiv maskulin und neutral kann statt **-es** ein **-en** stehen, wenn nach dem Pronomen ein Substantiv mit Endung **-(e)s** folgt.

maskulin	feminin	neutral
solches Rat(e)s *solchen Rat(e)s*	*solcher Methode*	*solches Glück(e)s* *solchen Glück(e)s*

In der Umgangssprache wird das **e** beim Substantiv oft weggelassen.

solch (ohne Endung) – *Solch ein Pech!*
In diesem Fall steht **solch** in Verbindung mit **ein**.   **Solch** verändert sich nicht, nur der Indefinitartikel.
solch ein netter Mensch, solch eine nette Frau, solch ein nettes Kind

3.7 Die Relativ- und Interrogativpronomen

Die Zeitung, **die** *am Samstag erscheint, hat einen interessanten Reiseteil.* **Was für eine** *Zeitung meinst du?*

der, die, das
welcher, welche, welches
wer, was
was für ein
Diese Pronomen beziehen sich auf etwas, das bereits erwähnt wurde. Sie leiten Relativsätze ein.

Der Mann, *mit* **dem** *ich gesprochen habe, will die Wohnung vermieten.*
Genus und Numerus hängen von dem Wort ab, auf das sie sich beziehen.
der Mann, dem: Singular, maskulin
Der Kasus hängt dagegen vom Verb oder einer Präposition ab.
der Mann: Nominativ; *dem:* Dativ (wegen der Präposition *mit*) ⟿ Kapitel 8.2.2

der, die, das
Dies sind häufig benutzte Relativpronomen.
Ein Mann, *der Langeweile hatte, lernte plötzlich die deutsche Grammatik.*
Seine Frau, *die das sah, lernt jetzt auch.*
Ihr Kind, *das die Grammatik schon kann, ist froh.*

Die Deklination

Das Pronomen wird wie *der, die, das* als Demonstrativpronomen dekliniert.

Singular				Plural
	maskulin	feminin	neutral	
Nominativ	*der*	*die*	*das*	*die*
Akkusativ	*den*	*die*	*das*	*die*
Dativ	*dem*	*der*	*dem*	*denen*
Genitiv	*dessen*	*deren*	*dessen*	*deren*

welcher, welche, welches – *Welches Bier?*	
Dieses Pronomen kommt als Relativ- und Interrogativpronomen vor.	
Relativpronomen	**Interrogativpromen**
Man benutzt das Pronomen besonders in schriftlichen Texten, um Wiederholungen zu vermeiden. Es kann an Stelle von *der, die, das* stehen.	Es soll eine Auswahl getroffen werden.
*Ein Mann, **welcher** Langweile hatte, spielt jetzt Schach.*	***Welches** Hemd soll ich anziehen?*

Die Deklination

Es wird wie *der, die, das* als Relativpronomen dekliniert.

wer, was – *Was ist los?*	
Sie werden als Relativ- und Interrogativpronomen benutzt. Genus und Numerus spielen keine Rolle.	
Relativpronomen	**Interrogativpronomen**
*Er kommt schon wieder zu spät. Das ist genau das, **was** mich aufregt.*	***Was** hat das schon zu sagen?*

Wer oder *was* kann auch im Hauptsatz stehen.
  Wer zu spät kommt, muss die Reste essen.

 Das Pronomen kann mit einer Präposition zusammen stehen. ***Mit wem** sollen wir spielen? **Über wen** habt ihr gelacht? **Von wem** sind die Äpfel?*

Die Verwendung von **was**

was	ersetzt Indefinita	*In der Stadt ist **was** (etwas) los.*
was	kann für das stehen	***Das** ist es, **was** ich meine.*
was	steht bei substantivierten Superlativen	*Berlin bei Nacht ist **das Schönste**, **was** ich mir vorstellen kann.*
was	steht nach Pronomen und Zahladjektiven, die etwas Indefinites bezeichnen	*Ich kaufe dir **alles**, **was** du willst.*
was	im Nebensatz kann für einen Teilsatz stehen	***Er ging zur Tür hinaus, was** keiner bemerkte.*
was	kann nach einer Ordinalzahl folgen	*Das **Erste**, **was** ich nach dem Aufwachen sah, war der weiße Schnee.*

Deklination von **wer** und **was**

	bei Personen	bei Sachen
Nominativ	*wer*	*was*
Akkusativ	*wen*	*was*
Dativ	*wem*	*was*
Genitiv	*wessen*	*wessen*

was für ein/eine? – *Was für eine Bluse?*

Mit *was für ein?* fragt man nach der Eigenschaft einer Sache oder Person.

Was für einen Mantel möchten Sie?	*Einen schwarzen.*
Was für ein Mensch ist das nur?	*Ein ganz gemeiner.*

Die Deklination

Was für verändert sich nicht. **Ein** wird wie der Indefinitartikel dekliniert. ▮▶ Kapitel 1.3. Es gibt keine Pluralform, man benutzt dann **welche**.

3.8 Die Indefinitpronomen – *alle Mann an Bord*

Das sind Pronomen mit unbestimmter, allgemeiner Bedeutung.
Es gibt eine ganze Reihe dieser Pronomen. Deshalb werden sie in der folgenden Übersicht nach der Art ihrer Deklination gegliedert.
Sie treten als Begleiter und Stellvertreter auf.

alle – *Ich bin auf alle Fälle dabei, wenn wir Skat spielen.*
Alle bezeichnet immer etwas im Plural, das zu einer Menge zusammengefasst wird. Es kann im Singular stehen, wenn es sich auf Abstrakta und Stoffe bezieht.
aller Reichtum, alle Kleidung, alles Geld

Begleiter 👥	Stellvertreter 🧍
*Mit **allen Sinnen** habe ich den Wind gespürt.*	***Alles** war wie verzaubert.*

 In Verbindung mit einem Personalpronomen steht erst das Personalpronomen und dann **alle**.
(Sie alle wollen kommen.)

all – *All sein Wissen stand in diesem Buch.*
hat keine Endung, wenn es vor einem anderen Pronomen steht

beide – *Wir haben beide Hunger.*
Mit diesem Pronomen bezeichnet man zwei Personen oder Sachen.

Begleiter 👥	Stellvertreter 🧍
*Als die **beiden Männer** um die Ecke kamen, lief ich weg.*	*Als die **beiden** mir gratulierten, freute ich mich.*

einige, etliche, mehrere – *Wir leben seit mehreren Jahren getrennt.*
Sie stehen für eine unbestimmte nicht große Menge.
einige Meter – steht im Singular, wenn es sich um Abstrakta und Stoffe handelt.
mehrere – hat keinen Singular

Begleiter 👥	Stellvertreter 🧍
*Wir sind **einige Meter** zusammen gegangen.*	*Wir haben **einiges** zusammen erlebt.*

Mehrere und **etliche** werden ebenso gebraucht.

jeder – *Das weiß doch jeder.*

Das ist ein sehr häufiges Indefinitpronomen, das keinen Plural hat. Es bezeichnet die Gesamtheit einer **bestimmten** Menge.

Begleiter 👥   Stellvertreter 👤

Jedes Kind isst gern Schokolade.   *Das mag doch jeder.*

---

manch(er), manche, manches – *Das ist schon manchem passiert.*

Das Pronomen bezeichnet eine **unbestimmte Anzahl** von Personen oder Sachen.

Begleiter 👥   Stellvertreter 👤

Manche Leute lernen es nie.   *Manche lernen umso schneller.*

---

manch – *Manch einer hat wirklich keine Zeit.*

Manch wird ohne Endung gebraucht, wenn es in Verbindung mit dem Indefinitpronomen **ein** steht.

---

sämtlicher, sämtliche, sämtliches   *Die Klimaveränderung betrifft sämtliche Menschen.*

Das Pronomen hat die Bedeutung von *alle, ganz* oder *vollständig*.

Deklination wie der Definitartikel, wobei Pronomen die Endung **-en** haben können, wenn das Substantiv ein Genitiv-s hat: *sämtlichen Mülls* nicht: *sämtliches Mülls*

Verwendung nur als Begleiter 👥

Sämtliches Geschirr ist kaputt gegangen.

---

welche – *Ich möchte noch Wein. Hast du noch welchen?*

Stellvertreter 👤 Bezug auf ein vorher genanntes Substantiv

Ich habe keine Zigaretten mehr. Hast du noch welche?

Begleiter 👥 Auswahl aus einer konkreten Menge

Welche Sorte rauchst du?

---

irgendwelche – *Ich verschenke doch nicht nur irgendwelche Blumen.*

Es ist egal, um welche es sich handelt. Man benutzt es fast nur im Plural.

(k)einer, (k)eine, (k)eins – *Plötzlich hörte Gudrun ein Geräusch.*
Ist da einer? Sie schaute nach, konnte aber keinen sehen.

Sie bezeichnen (k)eine unbestimmte Person oder Sache.
einer gibt es nur im Singular, im Plural benutzt man **welche**.

Verwendung nur als Stellverteter ⵣ

Deklination

Singular				Plural
	maskulin	feminin	neutral	
Nominativ	*(k)einer*	*(k)eine*	*(k)eins*	*keine*
Akkusativ	*(k)einen*	*(k)eine*	*(k)eins*	*keine*
Dativ	*(k)einem*	*(k)einer*	*(k)einem*	*keinen*
Genitiv	*(k)eines*	*(k)einer*	*(k)eines*	*keiner*

---

irgendein, irgendeiner, irgendeines – *Hole irgendein Brot.*

Die Unbestimmtheit wird verstärkt. Im Plural benutzt man *irgend-welche*.

Begleiter ⵣⵣ	Stellvertreter ⵣ
Irgendein Monteur war da.	*Irgendeiner war da.*

Indefinitpronomen, die nicht dekliniert werden

ein bisschen	*ein paar*	*ein wenig*
ein bisschen Milch	*ein paar Tränen*	*ein wenig Zucker in den Tee*

Diese Pronomen sind feste Einheiten. Sie bezeichnen eine unbestimmte kleine Menge. Man kann sie nicht deklinieren.

---

etwas, irgendetwas – *Irgendetwas ist passiert.*

Sie werden für ein unbestimmtes Neutrum benutzt.
irgend- macht das noch deutlicher.

Begleiter (in Verbindung mit substantivierten Adjektiven) ⵣⵣ	Stellvertreter ⵣ
Du kannst mal **etwas** *Neues anziehen.*	**Irgendetwas** *habe ich nicht. Das musst du schon genauer sagen.*
Kurzform: *was*	Kurzform: *irgendwas*

> **nichts** – *Möchte Sie mit mir tanzen? Nichts ist mir lieber als das.*
> Das ist die Verneinung von etwas. Es ändert sich nicht.
>
> Verwendung nur als Stellvertreter

Indefinitpronomen, mit besonderer Deklination

Sie treten alle nur als Stellvertreter auf.

> **jemand, irgendjemand** – *Es wird schon jemand gesehen haben.*
> Eine unbestimmte Person ist gemeint (ohne Genusmerkmal).

Die Deklination
Nominativ: *jemand*
Akkusativ: *jemand(en)*
Dativ: *jemand(em)*

> **niemand** – *Es interessiert niemanden.*
> Das ist die Verneinung von *jemand*.

Die Deklination:
wie *jemand*

> **man** – *Kann man hier rauchen?*
> Das ist eine häufig benutzte unpersönliche Bezeichnung für Personen, die nur im Singular benutzt wird. In der Umgangssprache wird **man** oft benutzt, wenn das Passiv ▐▐▐▶ Kapitel 6.12 gemeint ist.

Die Deklination:
Man gibt es nur im Nominativ.
Im Akkusativ und Dativ benutzt man **einen** beziehungsweise **einem**.

4 Das Adjektiv – *neues Wissen*

Adjektive sind Wörter, die besondere Eigenschaften und Merkmale bezeichnen. Mit ihnen kann man

- **beschreiben, wie jemand oder etwas ist:**
  Personen: *Du bist aber ungeduldig.* – *der ungeduldige Mann*
  Dinge: *Das Ei ist nicht weich, sondern hart.* – *ein hartes Ei*
  Vorgänge: *Die Fahrt war lang.* – *die lange Fahrt*
  Zustände: *Sie ist nüchtern.* – *Kommen Sie im nüchternen Zustand!*

- **sagen, wie jemand etwas tut:**
  Er arbeitet schnell.
  Sie atmet tief.

- **jemanden oder etwas vergleichen:**
  Meine Freundin ist größer als ich, aber ich bin stärker.

- **Adjektive lassen sich steigern:**
  schön – schöner – am schönsten
  klein – kleiner – am kleinsten
  gut – besser – am besten

- **... und deklinieren:**
  Sie trinkt morgens immer schwarzen Kaffee.
  Er steigt auf den hohen Berg.
  Ich nehme einen warmen Apfelstrudel.

4.1 Die Deklination des Adjektivs – *den süßen Wein*

Das Adjektiv wird im Satz auf verschiedene Weise gebraucht. Als Attribut (Beifügung) steht es **vor** dem Substantiv. **Nach** dem Substantiv steht es, wenn es zum Prädikat (Verb im Satz, das etwas über das Subjekt aussagt) gehört.

Adjektiv vor Substantiv	Adjektiv nach Substantiv
der charmante Mann	*Der Mann ist charmant.*
die schöne Helena	*Helena ist schön.*
Großvater trinkt viel Wein.	*Großvater trinkt viel.*
Großmutter liebt süßen Likör.	*Der Likör schmeckt süß.*

 Das Adjektiv passt sich in Numerus, Genus und Kasus dem Substantiv an.

Das Adjektiv verändert sich nicht.
Es steht in der Grundform.

Wenn das Adjektiv das Substantiv näher erklärt, steht es:
a) alleine – *süße Limonade*
b) mit einem Definitartikel – *die süße Limonade*
c) mit einem Indefinitartikel – *eine süße Limonade*
d) mit anderen Artikelwörtern (z. B.) Possessivpronomen – *meine süße Limonade*
e) mit Zahladjektiven – *viele süße Limonaden*

 Die typische Genusendung wird nur einmal vergeben. Das kann entweder beim Definitartikel oder beim Adjektiv sein:

der Wein: *roter Wein, ein roter Wein, der rote Wein*
die Milch: *heiße Milch, eine heiße Milch, die heiße Milch*
das Bier: *kaltes Bier, ein kaltes Bier, das kalte Bier*

Es ist auch möglich, dass zwei Adjektive nebeneinander stehen. Dann haben beide die gleiche grammatische Endung.

klarer russischer Wodka
die schlanke zierliche Frau
ein eleganter sportlicher Anzug

Außerdem können Adjektive auch zusammengesetzt werden:
Im Chinarestaurant bekommt man Ente süßsauer.
Mir schmeckt halbtrockener Sekt besser als süßer Sekt.

Auch die Variante mit Bindestrich (-) ist möglich. Nur das letzte Adjektiv erhält dann eine grammatische Endung.

wissenschaftlich-technischer Fortschritt
deutsch-tschechische Freundschaft

4.1.1 Das Adjektiv ohne Artikel – *frische Eier*

In diesem Fall steht das Adjektiv ohne Artikel vor dem Substantiv. Da die Adjektivendungen die Merkmale für Numerus, Genus und Kasus tragen, wird diese Deklination auch **starke Deklination** genannt.

Singular			
	maskulin	**neutral**	**feminin**
N.	frischer Teig	frisches Ei	frische Sahne
A.	frischen Teig	frisches Ei	frische Sahne
D.	frischem Teig	frischem Ei	frischer Sahne
G.	frischen Teiges	frischen Ei(e)s	frischer Sahne
Plural			
N.	frische Kuchen		
A.	frische Kuchen		
D.	frischen Kuchen		
G.	frischer Kuchen		

43

Der letzte Buchstabe der Endung entspricht dem letzten Buchstaben des dazu passenden Definitartikels:
-r=der, -e=die, -s=das
(Ausnahme: die maskulinen und neutralen Genitivformen)

Die Endungen noch einmal im Überblick zum Lernen:

Singular				Pural
	maskulin	neutral	feminin	
N.	-er	-es	-e	-e
A.	-en	-es	-e	-e
D.	-em	-em	-er	-em
G.	-en	-en	-er	-er

Nach einigen indefiniten Begleitern und Zahlwörtern werden die Adjektive genauso dekliniert: **einige, mehrere, viele, wenige, etwas, zwei, drei** usw.
Mit einigen kräftigen Männern haben wir das Boot getragen.
Sie hat viele neue Hüte im Schrank.

4.1.2 Adjektiv nach Definitartikel – *das neue Boot*

Das Adjektiv steht zwischen dem Definitartikel und dem Substantiv. Der Artikel trägt die Merkmale für Numerus, Genus und Kasus. Darum wird diese Deklination auch **schwache Deklination** genannt. Die folgende Tabelle zeigt, welche Adjektivendungen nach dem Definitartikel der, die, das auftreten.

Singular			
	maskulin	neutral	feminin
N.	*der große Fisch*	*das große Boot*	*die große Welle*
A.	*den großen Fisch*	*das große Boot*	*die große Welle*
D.	*dem großen Fisch*	*dem großen Boot*	*der großen Welle*
G.	*des großen Fisches*	*des großen Bootes*	*der großen Welle*
Plural			
N.	*die großen Boote*		
A.	*die großen Boote*		
D.	*den großen Booten*		
G.	*der großen Boote*		

Nur der Artikel signalisiert Numerus, Genus und Kasus. Die Adjektive haben nur die Endungen -e und -en.

	maskulin	neutral	feminin	
Singular				**Plural**
N.	-e	-e	-e	-en
A.	-en	-e	-e	-en
D.	-en	-en	-en	-en
G.	-en	-en	-en	-en

Außerdem gilt die Tabelle auch für Adjektive nach:

- Demonstrativpronomen: *dieser, jeder, jener, mancher, welcher*
  Dieses schöne Kleid muss ich haben.
  Jedes kleine Kind mag Süßigkeiten.
  Jener fremde Mann ging an mir vorbei.
- Indefinitpronomen: *alle, beide, sämtliche, solche*
  Alle guten Absichten waren vergessen.
  Beide alten Frauen hatten überlebt.
  Solche komischen Sachen mag ich nicht.

 Ebenfalls schwache Endungen erhalten Adjektive nach bestimmten Zahladjektiven (*andere, viele, wenige*), da sie wie Definitartikel angesehen werden. ▶ Kapitel 5.1
Diese Tasche ist aus anderem festen Leder.
Der Weihnachtsbaum ist mit vielen bunten Kugeln geschmückt.

4.1.3 Adjektiv nach Indefinitartikel – *ein neues Boot*

Das Adjektiv steht zwischen dem Indefinitartikel und dem Substantiv.

Bei dieser Deklination findet man Adjektivendungen aus der starken und schwachen Deklination. Dehalb nennt man sie **gemischte Deklination**.

Singular			
	maskulin	**neutral**	**feminin**
N.	*ein grüner Aal*	*ein neues Boot*	*eine kleine Krabbe*
A.	*einen grünen Aal*	*ein neues Boot*	*eine kleine Krabbe*
D.	*einem grünen Aal*	*einem neuen Boot*	*einer kleinen Krabbe*
G.	*eines grünen Aales*	*eines neuen Bootes*	*einer kleinen Krabbe*

Im Plural fällt der Indefinitartikel weg. Der genauso deklinierte Negativartikel **kein** hat aber einen Plural:

Plural	
N.	*keine teuren Angeln*
A.	*keine teuren Angeln*
D.	*keinen teuren Angeln*
G.	*keiner teuren Angeln*

Die Adjektivendungen im Überblick

Singular				Plural
	maskulin	**neutral**	**feminin**	
N.	-er	-es	-e	-en
A.	-en	-es	-e	-en
D.	-en	-en	-en	-en
G.	-en	-en	-en	-en

 Außer dem Indefinitartikel **ein, eine, ein** gilt die folgende Tabelle auch für den Negationsartikel **kein** und die Possessivpronomen **mein, dein, sein** usw.

Bei einer **Verbindung aus Präposition und Artikel**, hat das Adjektiv eine **schwache Deklination**. ⫸ 4.1.2 Adjektiv nach Definitartikel.
in das kalte Wasser springen   *ins kalte Wasser springen*
in dem tiefen Wasser baden   *im tiefen Wasser baden*
zu dem anderen Ufer schwimmen   *zum anderen Ufer schwimmen*

4.2 Besonderheiten bei der Deklination

Wegen der besseren Aussprache verlieren manche Adjektive bei der Deklination in der Endsilbe das -e.

- Adjektive mit der Endung **-el**:
  miserabel – *Er hatte heute eine miserable Laune.*
  dunkel – *Im Herbst ist es dunkler als im Frühling.*
- Adjektive mit der Endung **-en**
  trocken – *Der trock(e)ne Keks schmeckt nicht.*
- Adjektive mit der Endung **-er**
  sauer – *Ich will eine saure Gurke essen.*
  teuer – *Die teure Bluse kaufe ich mir ausnahmsweise.*
- Bei dem Adjektiv hoch fällt das **-c** weg.
  hoch – *der hohe Turm*
  die hohe Wand
  das hohe Haus (oder das Hochhaus)

Obwohl sie Adjektive sind, werden sie nicht dekliniert. Zu dieser kleinen Gruppe gehören:

- einige fremdsprachige Farbadjektive:
  Sie trug einen rosa Wollpullover.
  Der lila Rock passte aber nicht dazu.
  (In der Umgangssprache hört man jedoch auch: *ein rosaner Pullover, ein lilaner Rock.*)
- die Grundzahlen ⫸ Kapitel 5
  Wir fahren fünf Wochen ganz weit weg.
  Zu Weihnachten haben wir drei Tage frei.
- Adjektive, die von Städten oder geografischen Namen abgeleitet wurden mit der Endung **-er**
  der Berliner Bär, das Wiener Würstchen, der Kölner Dom

4.3 Substantivierte Adjektive – *ein Neuer kommt*

In diesem Fall sind aus Adjektiven Substantive geworden. Das substantivierte Adjektiv kann eine starke und eine schwache Endung haben. Es gelten dieselben Regeln wie für die Adjektive. ⫸ Kapitel 4.1 + 4.2

starke Adjektivendung

Neue sind in diesem Kurs willkommen.
Ein Neuer kam ins Büro.
Wichtiges muss man von Unwichtigem trennen.

schwache Adjektivendung

Die Neue lenkt alle Aufmerksamkeit auf sich.
Der Neue ist ein bisschen schüchtern.
Das Wichtige lernen wir zuerst.
Alles Wichtige haben wir besprochen.

4.4 Andere Wortarten als Adjektive – *Das ist machbar!*

In der Wortbildung ist es möglich, durch kleine Veränderungen am Wort die Wortarten zu wechseln:

– Mit Hilfe von Suffixen können aus Substantiven und Verben **Adjektive** werden. ⫸ Kapitel 7.1.3
der Traum – traumhaft   *leben – lebhaft*
die Jugend – jugendlich   *ärgern – ärgerlich*

– Ohne eine besondere Veränderung können die Partizipien als Adjektive verwendet werden. ⫸ Kapitel 6.6
der kochende Tee   Bedeutung: Er kocht gerade.
der eingelaufene Wollpullover Bedeutung: Durch das Waschen ist
                                 er zu klein geworden.

 Auch andere Wortarten können zu Adjektiven werden.

4.5 Die Komparationsformen – *schneller, höher, weiter*

Komparation bedeutet, dass man mit den Adjektiven Vergleichsformen bilden kann. Den Vergleich kann man in drei Stufen steigern:

Positiv	Komparativ	Superlativ
klein	*kleiner*	*am kleinsten*
Der Däumling ist so klein wie ein Daumen.	*Der Däumling ist kleiner als ein Kind.*	*Der Däumling ist am kleinsten von allen.*
Es wird eine Gleichheit beschrieben.	Es wird eine Ungleichheit beschrieben.	Das ist die höchste Stufe des Vergleichs.
dick	*dicker*	*am dicksten*
groß	*größer*	*am größten*

 Komparativ und Superlativ werden genauso wie der Positiv dekliniert. Es gibt also auch hier starke und schwache Endungen.
Mit dem frischeren Gemüse schmeckt die Suppe einfach besser.
Das frischeste Gemüse kauft man auf dem Markt.

Ohne Vergleich kann mit dem Superlativ eine sehr hohe Stufe beschrieben werden. Das ist der **absolute Superlativ**.
Aus der kleinsten Mücke macht er den größten Elefanten. (Sprichwort)

 Auf Grund der besseren Aussprache
 – Endung **-est** im Superlativ: nach Adjektiven mit **-d, -t, s, -ss, -ß, -sch, -z, -tz, -x** bei **betonter** Endsilbe
 rund   runder   am rundesten
 nass   nasser   am nassesten
 – Umlaut bei Komparativ und Superlativ: a,o,u wird zu ä,ö,ü
 arm   ärmer   am ärmsten
 grob   gröber   am gröbsten
 klug   klüger   am klügsten
 – Im Komparativ kommt ein **-r** hinzu
 teuer   teurer   am teuersten
 sauer   saurer   am sauersten

Unregelmäßige Komparationsformen

Die unregelmäßigen Komparationsformen folgen keiner Regel.

Darum ist es gut, die Adjektive mit diesen Formen einfach zu lernen.

Positiv	Komparativ	Superlativ
gut	besser	am besten
hoch	höher (ohne c)	am höchsten
nah	näher	am nächsten (mit c)
neidisch	neidischer	am neidischsten (ohne e)
viel	mehr	am meisten

Bei zusammengesetzten Adjektiven werden **nie** beide Adjektive gesteigert. Man kann aber das erste **oder** das zweite Adjektiv steigern.
die meistgelesene Zeitung   *der nahegelegenste Ort*

4.5.1 Die Verstärkung von Adjektiven – *sehr schön*

Manchmal möchte man eine Eigenschaft besonders hervorheben. Das Adjektiv wird dann durch ein Adverb verstärkt. ⮕ Kapitel 8.3.4

Die Adverbien der Verstärkung:

– sehr – *Das war eine sehr teure Kette.*
– besonders – *Das war eine besonders teure Kette.*
– ganz – *Das war eine ganz teure Kette.*
– recht – *Das war eine recht teure Kette.*
– ziemlich – *Die Kette war ziemlich teuer.*
– *äußerst* – Die Kette war äußerst teuer.

In allenVarianten wird hervorgehoben, dass es sich um eine kostbare Kette handelt.

In der Umgangssprache werden häufig im eigentlichen Sinne ‚negative' Adjektive benutzt, um die Bedeutung eines anderen Adjektivs zu steigern, z.B.: *fürchterlich, wahnsinnig, irre, enorm, riesig, furchtbar, kolossal, brutal, fantastisch.*
Ich finde dich schrecklich nett. – Ich kann dich wahnsinnig gut leiden. – Ich freue mich riesig auf dich. – Ich hab dich irre lieb.
Man kann Adjektive auch abschwächen, z.B. mit *„einigermaßen".*
Einigermaßen hat die Bedeutung von: *Es geht so. Es könnte besser sein.*

5 Die Zahlen – *Sechs Richtige im Lotto!*

Zahlen und Zahlwörter braucht man bei vielen Gelegenheiten, z.B.:

– bei der Angabe der Uhrzeit: *Es ist zwölf Uhr.*
– bei der Angabe der Anzahl: *Das ist ein Zimmer für vier Personen.*
– bei Mengenangaben: *Fünfhundert Gramm Möhren kosten zwei Mark.*
– bei der Angabe des Alters: *Sie ist erst ein Jahr alt.*

Grammatisch kann das Zahlwort in folgender Form auftreten:

– als Substantiv: *Der Bankräuber hat eine Million Mark gestohlen.*
  ⅢⅢ▶ Kap. 2
– als Partikel: *Er wird noch zweimal zur Prüfung gehen.*
  ⅢⅢ▶ Kap. 8
– als Adjektiv: *Die vier Stadtmusikanten kommen aus Bremen.*
  ⅢⅢ▶ Kap. 5.1

Zahlen kann man als Wort oder als Ziffern (1,2,3...) schreiben.

Dabei kommt es auf den Text an, wofür man sich entscheidet.
– **Normaler Text:**
  Ein- bis zweistellige Zahlen werden in Worten geschrieben:
  zwei Meter, dreißig Zentimeter
  Höhere Zahlen werden dann als Ziffer geschrieben:
  123 Meter, 1000 Kilometer.
– **Fachtext:**
  Wenn bei wissenschaftlichen Texten (zum Beispiel aus der Mathematik) sehr häufig Zahlen vorkommen, benutzt man in der Regel Ziffern.
  Auch Sportberichte geben die Ergebnisse immer in Ziffern wieder.
  Das 1 : 0 (gesprochen: das Eins zu Null) fiel in der letzten Minute.

 Unabhängig vom Text schreibt man in der Regel alle Zahlen, die mehr als zwei Silben haben, als Ziffern.

5.1 Das Zahlwort als Adjektiv – *die fünf Finger*

Wenn das Zahlwort zwischen Artikelwort und Substantiv steht, spricht man von einem Zahladjektiv. Es bestimmt dann das Substantiv näher.

Es gibt zwei Gruppen der Zahladjektive:

das bestimmte Zahladjektiv	**das unbestimmte Zahladjektiv**
die vier Jahreszeiten *die fünf Kontinente*	*eine andere Jahreszeit* *die verschiedenen Sportarten* *ebenso: einzelne, sonstige, viele,* *wenige, weitere ...*
Angabe einer bestimmten Menge In diese Gruppe gehören: Grundzahlen (Kardinalzahlen) Ordnungszahlen Bruchzahlen Vervielfältigungszahlen	**Angabe einer unbestimmten Menge** Einige Indefinitpronomen können diese Funktion auch übernehmen: *ein bisschen Regen, ein paar Leute*
Normalerweise werden Zahlen **nicht dekliniert.** Die Ordnungszahlen werden wie Adjektive dekliniert.	**Deklination** wie ein Adjektiv

 Ausnahmen unter Kapitel 5.1.1 + 5.2

5.1.1 Die Grundzahlen – *Polizeiruf eins eins null*

Übersicht über die Grundzahlen

Einer	10-19	20-29	Zehner	
0 null	zehn	zwanzig		
1 eins	**elf**	einundzwanzig	zehn	10
2 zwei	**zwölf**	zweiundzwanzig	zwanzig	20
3 drei	dreizehn	dreiundzwanzig	dreißig	30
4 vier	vierzehn	vierundzwanzig	vierzig	40
5 fünf	fünfzehn	fünfundzwanzig	fünfzig	50
6 sechs	sechzehn **(ohne -s)**	sechsundzwanzig	sechzig **(ohne -s)**	60
7 sieben	siebzehn **(ohne -en)**	siebenundzwanzig	siebzig **(ohne -en)**	70
8 acht	achtzehn	achtundzwanzig	achtzig	80
9 neun	neunzehn	neunundzwanzig	neunzig	90

 Man muss erst den Einer und dann den Zehner lesen!
13-19: Einer+zehn   19
neunzehn Pfannnkuchen

      neunzehn

21-99: Einer+und+Zehner   27
siebenundzwanzig Schüler

      siebenundzwanzig

100-900	
100	(ein)hundert
200	zweihundert
300	dreihundert
400	vierhundert
500	fünfhundert
600	sechshundert
700	siebenhundert
800	achthundert
900	neunhundert

1 000 – 1 000 000	
1 000	(ein)tausend
2 000	zweitausend
3 000	dreitausend
10 000	zehntausend
11 000	elftausend
30 000	dreißigtausend
100 000	(ein)hunderttausend
200 000	zweihunderttausend
1 000 000	eine Million

Kombinationen	
340	dreihundertvierzig
578	fünfhundertachtundsiebzig
2 466	zweitausendvierhundertsechsundsechzig
15 350	fünfzehntausenddreihundertfünfzig
370 711	dreihundertsiebzigtausendsiebenhundertelf
1 500 000	eine Million fünfhunderttausend

Die Tausender gehen bis 999 999. *Wie viel haben sie auf der Bank?*

999 999 DM

neunhundert/neunundneunzig/tausend/neunhundert/neunundneunzig DM

Danach kommen die Millionen.
Bei einer Million (1 000.000) Mark hört der Spaß auf!

Ab einer Million Mark werden die Kardinalzahlen als Wort nicht mehr zusammengeschrieben.
eine Million siebenhundertachtzigtausend

 eins – kann als Zahlwort nicht vor einem Substantiv stehen. Deshalb benutzt man den Indefinitartikel, der entsprechend dekliniert werden muss. ⮕ Kapitel 1
Mit einem Schuh kommt man nicht weit.

5.1.2 Lust auf Mathematik?

Schreibweise	gesprochen
Addition: *5 + 3 = 8*	*Fünf plus drei ist (gleich) acht.*
Substraktion: *11- 6 = 5*	*Elf minus sechs ist (gleich) fünf.*
Multiplikation: *4 x 3 = 12*	*Vier mal drei ist (gleich) zwölf.*
Division: *12 : 6 = 2*	*Zwölf geteilt durch sechs ist (gleich)zwei.*

Die Dezimalzahlen:

Schreibweise	gesprochen
0,5	*null Komma 5*
3,4	*drei Komma vier*
11,8	*elf Komma acht*

5.1.3 Die Währungen im deutschsprachigen Raum

Schreibweise	gesprochen
Währung für Europa	
€ 12	*zwölf Euro*
€ 4,50	*vier Euro fünfzig (Cents)*
Währung für die Schweiz	
SF 1,-	*ein (Schweizer) Franken*
SF 1,80	*ein Franken achtzig (Rappen)*
Währung für Deutschland	
DM 10,-	*zehn (Deutsche) Mark*
DM 3,45	*drei Mark fünfundvierzig*
Währung für Österreich	
öS (oder auch ATS) 5,-	*fünf (österreichische) Schilling(e)*
öS 2,40	*zwei Schilling(e) vierzig (Groschen)*

5.1.4 Die Jahreszahlen – *1989*

Jahreszahlen werden folgendermaßen gesprochen:

1989 – neunzehnhundertneunundachtzig
1543 – fünfzehnhundertdreiundvierzig

ab dem Jahr 2000:
2001 – zweitausend(und)eins

Im Satz kann man die Jahreszahlen folgendermaßen verwenden:

2001 bekommen wir Besuch aus Afrika.
oder: *Im Jahre 2001 bekommen wir Besuch aus Afrika.*

5.1.5 Die Uhrzeit – *Es ist kurz vor zwölf*

Im Deutschen gibt es verschiedene Möglichkeiten, die Uhrzeit auszudrücken. Es gibt eine offizielle Zeitangabe, wie man sie z.B. in den Nachrichten hört, und eine umgangssprachliche, die man normalerweise im täglichen Sprachgebrauch benutzt.

In einigen Regionen der deutschsprachigen Länder hört man auch oft die Zeitangabe viertel zehn (= 9.15) bzw. dreiviertel zehn (= 9.45).

Uhrzeit

offizielle		umgangssprachliche
ein Uhr		(Punkt) eins
drei Uhr vierzig		zwanzig vor vier
elf Uhr fünfundvierzig		Viertel vor zwölf
zwölf Uhr fünfzehn		Viertel nach zwölf
zwölf Uhr fünfundfünfzig		fünf vor eins
vierzehn Uhr fünfundfünfzig		fünf vor drei
siebzehn Uhr fünfundzwanzig		fünf vor halb sechs
zwanzig Uhr zweiunddreißig		kurz nach halb neun
dreiundzwanzig Uhr achtundfünfzig		kurz vor zwölf
vierundzwanzig Uhr (auch **null** Uhr)		zwölf

Nach der Uhrzeit kann man fragen:

Wie spät ist es?   Um wie viel Uhr fängt der Film an?
Wie viel Uhr ist es?   Wann treffen wir uns?

... und antworten:

Es ist neunzehn Uhr dreißig.   *Um* zwanzig Uhr.
Es ist Viertel vor acht.   *Um* halb acht.

5.1.6 Bruchzahlen, Gewichte und Maße

Bruchzahlen

1/100	ein Hundertstel	
1/10	ein Zehntel	
1/8	ein **Ach**tel	Bildung: ein + Grundzahl + -(s)**tel**
1/4	ein Viertel	
1/3	ein **Drit**tel	
1/2	**ein halb-**	
3/4	drei Viertel	
1 1/2	eineinhalb (anderthalb)	
3 1/2	dreieinhalb	

Bruchzahlen können wie Adjektive gebraucht werden. Bis auf 1/2
haben sie aber keine typischen Adjektivendungen.
ein viertel Liter Milch, ein achtel Liter Öl, eine hundertstel Minute,
ein halbes Brot, eine halbe Torte

Gewichte

1 kg	– ein Kilo(gramm)
1 1/2 kg	– eineinhalb Kilo oder **anderthalb**
1 Pfd	– ein Pfund (nicht in Österreich)
1 g	– ein Gramm
1 dag = 10 g	– ein Dekagramm (nur in Österr.)
500 g = ein Pfund	
1000 g = 1 Kilo	
1 l = ein Liter	
0,1 l = ein Deziliter	

Besondere Mengenangaben:
ein Dutzend = 12, **1 Paar** = 2, **ein paar** = eine unbestimmte Menge

Die Maße

1 km	= 1 Kilometer	1 mm	= 1 Millimeter
1 km/h	= ein Kilometer pro Stunde	1°	= 1 °Celsius
1 m^2	= ein Quadratmeter	–1°	= minus ein Grad (Celsius)
1 m	= ein Meter		oder: ein Grad unter null
1 m^3	= ein Kubikmeter	+ 1°	= plus ein Grad (Celsius)
1 cm	= ein Zentimeter		oder: ein Grad über null

Vervielfältigungszahlen

Sie geben an, **wie oft** etwas vorhanden ist.
Das Buch gibt es in zweifacher Ausführung. – Das war ein dreifacher Betrug.

Zur Bildung wird an die Grundzahl **-fach** angehängt:
einfach   1fach   dreifach   3fach
zweifach   2fach   usw.

5.2   Die Ordnungszahlen – *das dritte Tor*

Der wievielte? Auf diese Frage antwortet man mit den Ordnungszahlen oder Ordinalzahlen. Mit ihnen kann man eine Reihenfolge festlegen.
der erste Platz, der zweite Platz und der dritte Platz

Als Ziffer bekommt die Ordnungszahl immer einen Punkt.
der 1. Platz, der 2.Platz und der 3.Platz

Die Bildung der Ordnungszahlen

1.-9.: Grundzahl + Endung -t (unregelmäßige Bildung 1 und 3)
der 1. April – gesprochen: der erste April

1.	2.	3.	4.	5.	6.	7.	8.	9.
erst-	zweit-	dritt-	viert-	fünft-	sechst-	sieb(en)t-	acht- (nur ein -t)	neunt-

Diese Tabelle gilt bis 19.

ab 20.: Grundzahl + Endung -st
der 20. November – gesprochen: der zwanzigste November

20. zwanzigst-	30. dreißigst-
21. einundzwanzigst-	31. einunddreißigst-
22. zweiundzwanzigst-	32. zweiunddreißigst-
23. dreiundzwanzigst-	33. dreiunddreißigst-
24. vierundzwanzigst-	34. vierunddreißigst-
25. fünfundzwanzigst-	35. fünfunddreißigst-
26. sechsundzwanzigst-	36. sechsunddreißigst-
27. siebenundzwanzigst-	37. siebenunddreißigst-
28. achtundzwanzigst-	38. achtunddreißigst-
29. neunundzwanzigst-	39. neununddreißigst-

Die Ordnungszahlen werden wie Adjektive dekliniert. Sie können mit und ohne einem Artikelwort vor dem Substantiv stehen. Danach richtet sich auch, ob sie eine starke oder schwache Endung haben.

- ohne Artikelwort   *Die Flasche Sekt war erste Wahl.*
- mit Artikelwort/Definitartikel   *Ich bin das erste Mal im Theater gewesen.*
- mit Artikelwort/Indefinitartikel *Es gibt immer ein erstes Mal.*
- Bei zusammengesetzten Ordnungszahlen wird nur der letzte Teil der Zahl dekliniert. Ⅲ➡ Kapitel 4 Adjektive
  Ab dem einundzwanzigsten Mai ist es hoffentlich warm.
- Aufzählungen: *erstens, zweitens, drittens*
  Bildung: Ordnungszahl + Endung **-ens**
  Erstens bin ich nicht blöd und zweitens kann ich das alleine und drittens geht dich das gar nichts an.

Die Ordinalzahl kann auch als **Substantiv** auftreten.
Er will immer Erster sein. Zweiter zu sein, genügt ihm nicht.
Ludwig der Vierzehnte (XIV.) war der Sonnenkönig.
Ordinalzahl mit Endung **-er**   *ein Sechser im Lotto*

In Verbindung mit **zu** ist die Ordinalzahl endungslos.
Heute abend sind wir zu zweit. Vielleicht aber auch zu dritt.

5.2.1   Das Datum – *am 31.12. ist Silvester*

Für die Angabe des Datums werden Ordinalzahlen als Ziffern benutzt:
- allgemeine Datumsangabe: *Heute ist der 1. Mai.*
  gesprochen: *der erste Mai*
  Am Samstag, dem 3. August, komme ich zu dir.
  gesprochen: *dem dritten August*
- im Brief: *Berlin, 24.12.2000* oder: *Berlin, den 24.12.2000*
  gesprochen: *(den) vierundzwanzigsten zwölften zweitausend*
- im Lebenslauf: *Ich wurde am 08.12.1987 geboren.*
  gesprochen: *am achten zwölften neunzehnhundertsiebenundachtzig*
- für Zeiträume: *Vom 15.3.–21.4.2001 möchte ich ein Zimmer reservieren.*
  gesprochen: *vom fünfzehnten dritten bis einundzwanzigsten vierten zweitausendeins*

6   Das Verb – *Radio hören*

Das Verb spielt eine wichtige Rolle im Satz. Von ihm hängt die inhaltliche Aussage und der Satzbau ab. Als Satzglied hat es die Funktion des Prädikats. ⅢⅢ➡ vgl. Kapitel 9.1.2
Es kann viele Dinge beschreiben:

Handlungen	*Der Junge **läuft** zum Bäcker und **kauft** ein Brot.*
Vorgänge	*Es **regnet** und **stürmt** gerade.*
Wahrnehmungen der Sinnesorgane	*Opa **sieht** aus dem Fenster, weil er die Vögel **beobachten** will. Man kann sie auch deutlich **hören**.*
Empfindungen	*Die Schwester **ärgert sich** über ihren Bruder. Und er **freut sich** noch darüber. Ich **fühle mich** heute krank.*
Bewusstseinsprozesse	*Ich **denke**, du **weißt**, was ich **meine**.*

 Das Verb bestimmt, welche inhaltliche Aussage ein Satz hat.

Die Konjugation des Verbs

Die Veränderung des Verbs wird Konjugation genannt.
Es verändert sich in:

1. Person und Numerus	welche Personen und wie viele *ich spiele, er spielt, wir spielen*
2. Tempus/die Tempora	die grammatischen Zeiten *er spielt, er spielte, er hat gespielt*
3. Modus/die Modi	die Aussageweise des Sprechers *er spielt, er spiele, er würde spielen*
4. Aktiv/Passiv	die Handlungsarten *Er spielt Schach. Dort drüben am Tisch wird Schach gespielt.*

Aufgrund ihrer Aufgabe im Satz kann man die Verben in Gruppen einteilen:

Vollverben ⅢⅢ➡ Kapitel 6.1
Hilfsverben ⅢⅢ➡ Kapitel 6.2
Modalverben ⅢⅢ➡ Kapitel 6.3

6.1 Das Vollverb – *ich bade*

Die meisten Verben gehören zu den Vollverben. Das heißt, sie können allein das Prädikat im Satz bilden. ⅢⅢ▶ Kapitel 9.1.2
Ich bade in der Badewanne.
In diese Gruppe gehören:
– Verben mit einer Ergänzung
transitiv: *Ich koste den Wein.*
intransitiv: *Ich baue meiner Familie ein Haus.*
reflexive Verben: *Ich grüße dich.*
– persönliche und unpersönliche Verben
du kochst, die Rose verwelkt
– Funktionsverben
eine Pause machen
– Verben mit Verbzusatz
abschneiden – sie schneidet ab

6.1.1 Verben mit einer Ergänzung – *er trifft sie*

Es gibt Verben, die eine Ergänzung brauchen. Man unterscheidet dabei zwei Gruppen.

transitive Verben	intransitive Verben
Objekte stehen im **Akkusativ** ⅢⅢ▶ Kapitel 9.1.3	Objekte stehen im **Dativ** oder **Genitiv.**
Ich mag ihn. (Akkusativ)	*Er hilft ihm.* (Dativ)
Er liest ein Buch. (Akkusativ)	*Wir gedenken des Toten.* (Genitv)
	Objekte stehen in Verbindung mit einer **Präposition**
	Sie spricht mit ihm.
	Es gibt **kein Objekt.**
	Die Medizin hilft schnell.

Viele Verben können **transitiv und intransitiv** gebraucht werden.
transitiv: *Sie spricht die deutsche Sprache.* (Akkusativ)
intransitiv: *Sie spricht mit dem Arzt.* (Objekt mit Präposition)

Transitive Verben können das **Passiv** bilden.
ⅢⅢ▶ Kapitel 6.12
Ein intransitives Verb, das **kein Objekt** nach sich hat, kann **kein Passiv** bilden.

6.1.2 Reflexive Verben – *ich erinnere mich*

Viele Verben werden in Verbindung mit einem Reflexivpronomen benutzt. Das Reflexivpronomen bezieht sich noch einmal auf das Subjekt des Satzes. Es kann im Dativ oder Akkusativ stehen.
⇒ Kapitel 3.4 Reflexivpronomen
Dativ: *Ich kämme **mir** das Haar.*
Akkusativ: *Ich freue **mich** auf das Abendbrot.*

Bei einem echten reflexiven Verb kann kein Substantiv als Ersatz stehen. *Ich erinnere **mich.***
(Es gibt kein Substantiv, das an diese Stelle passt.)
Bei einem unechten reflexiven Verb kann als Ersatz ein Substantiv stehen.   *Ich kämme mich. – Ich kämme meine Schwester.*

Reflexive Verben sind so im Wörterbuch vermerkt:
• **er·in·nern** [ɛɐ̯'ʔɪnɐn] <erinnert, erinnerte, erinnert> I. *tr* [K] *jd erinnert jd an etw akk/jdn* jdm eine Sache/Person wieder bewusst machen *der Mann erinnerte sie an ihren alten Vater;* II. *refl* [K] *jd erinnert sich akk an etw akk* sich einer Sache/Person wieder bewusst werden *Sie erinnerte sich an ihr Versprechen*

6.1.3 Persönliche und unpersönliche Verben

Persönliche Verben können in allen drei Personen im Singular und Plural stehen.
ich esse, du isst, er isst, sie essen, ihr esst, sie essen
Dazu gehören auch Verben, die nur in der dritten Person gebraucht werden.
Die Blume blüht. Der Zweig blüht. Die Rosen blühen.

Unpersönliche Verben stehen in Verbindung mit dem Pronomen *es.*
⇒ Kapitel 3
Es regnet. Es schneit. Es riecht nach Bratäpfeln. Es schmeckt gut.

6.1.4 Funktionsverben

Wenn Verben zu Substantiven in Beziehung treten, nennt man sie Funktionsverben. Sie können ohne eine Ergänzung (Akkusativ- oder Präpositionalobjekt) kein Prädikat bilden.
Ich gebe dir mein Versprechen.

Zu den wichtigsten Funktionsverben gehören:
bringen, kommen, geben, machen

bringen/kommen	geben	machen
in Ordnung bringen	*ein Versprechen geben*	*einen Vertrag machen*
zur Ruhe bringen	*einen Rat geben*	*eine Pause machen*
zur Sprache bringen	*eine Erlaubnis geben*	*eine Andeutung machen*
ans Licht kommen	*eine Einschätzung geben*	*einen Versuch machen*

weitere Funktionsverben:

bekommen, besitzen, erfahren, erhalten, finden, nehmen, ziehen

6.1.5 Verben mit Zusätzen – *ich fahre ab*

Verben können mit Zusätzen kombiniert werden. Dadurch bekommen die Verben eine neue Bedeutung, z. B. *laufen: ablaufen, hinlaufen, weglaufen* ⦀➧ Die Bedeutung der Präfixe Kapitel 7.1.1
Die meisten Verbzusätze (Präfixe) sind **betont**. Sie werden in den konjugierten Formen abgetrennt.

Die wichtigsten trennbaren Verbzusätze:

ab- abfahren	*Der Zug **fährt** pünktlich **ab**.*
an- anfassen	*Er **fasst** den Stoff **an**.*
auf- aufpassen	***Pass** doch **auf**!*
aus- ausrutschen	*Er **rutscht** auf einer Bananenschale **aus**.*
ein- einkaufen	*Wir **kaufen** immer am Donnerstag **ein**.*
her- herkommen	***Komm** doch mal **her**!*
hin- hingehen	*Wo **gehst** du **hin**?*
los- loslassen	***Lass** mich endlich **los**!*
mit- mitkommen	*Er **kommt mit**.*
raus-/rein- rausgehen	*Das Kind **geht raus** in den Garten.*
vor- vorschlagen	*Ich **schlage vor**, wir machen jetzt Schluss.*
weg- wegbringen	*Du **bringst** die Post **weg**.*
weiter- weiterlesen	***Lesen** Sie bitte **weiter**!*
zu- zuhören	***Hörst** du mir bitte mal **zu**!*
zurück- zurückkommen	*Er **kam** gestern aus dem Urlaub **zurück**.*

Trennbare Verben stehen so im Wörterbuch:
aus·rei·sen <reist aus, reiste aus, ausgereist> *itr* <sein> einen Staat verlassen, über die Grenze gehen *aus Deutschland ~*

Die Satzstellung bei Verben mit trennbarem Verbzusatz

Der Aussagesatz und die Frage mit dem Interrogativpronomen

	konjugiertes Verb		Präfix (Satzende)
Wir	*fahren*	*morgen*	*weg.*
Wann	*fährst*	*du*	*weg?*

Die Ja/Nein-Frage und die Aufforderung

konjugiertes Verb		Präfix (Satzende)
Gehen	*wir*	*weg?*
Geht	*endlich*	*weg!*

Wenn das konjugierte Verb am Satzende von Nebensätzen steht

Hauptsatz	Nebensatz	trennbares Verb
Ich hoffe,	*dass sie gut*	*ankommt.*

Untrennbare Verbzusätze

Das sind Präfixe, die nicht allein stehen können. Bis auf *miss-* sind alle Verbzusätze dieser Tabelle **unbetont**. ⫸ Bedeutung der Verbzusätze Kapitel 7.1.2

Präfix	Beispiel-Infinitiv	Beispiel-Satz
be-	*besuchen*	*Ich **besuche** dich bald.*
ent-	*entwerfen*	*Er **entwirft** das Gebäude.*
er-	*erscheinen*	***Erscheinen** Sie bitte pünktlich!*
ge-	*gefallen*	*Du **gefällst** mir sehr.*
miss-	*missverstehen*	*Sie **missversteht** ihn mit Absicht.*
wider-	*widersprechen*	*Das **widerspricht** der Regel.*
ver-	*verlieren*	*Beim Spiel **verliere** ich immer.*
zer-	*zerschneiden*	***Zerschneidet** das Papier nicht!*

Es gibt außerdem noch folgende trennbare Verbzusätze:

Infinitiv	konjugierte Form	Art des Verbzusatzes
fernsehen	*Ich **sehe fern**.*	Adjektiv + Verb
heimbringen	*Ich **bringe** dich **heim**.*	Substantiv + Verb
hinfahren	*Ich **fahre hin**.*	Adverb + Verb

Das sind Verben, die das Prädikat mit zwei Teilen bilden. Der erste Teil des Infinitivs bleibt bei der Konjugation unverändert. Er steht am Satzende.

Infinitiv	konjugierte Form	Wortarten
spazieren gehen	*Ich **gehe** spazieren.*	Infinitiv + Verb
kennen lernen	*Er **lernt** sie kennen.*	
baden gehen	*Du **gehst** baden.*	
geschenkt bekommen	*Er **bekommt** Blumen geschenkt.*	Partizip + Verb
verloren gehen	*Der Ring **ging** verloren.*	
Rad fahren	*Wir **fahren** Rad,*	Substantiv + Verb
Auto fahren	*ihr **fahrt** Auto.*	
Klavier spielen	*Sie **spielen** Klavier.*	
übereinander legen	*Ich **lege** die Hemden übereinander.*	Adverb + Verb
rückwärts fahren	*Das Auto **fährt** rückwärts.*	

6.2 Die Hilfsverben – *ich bin hungrig*

Zu den Hilfsverben gehören *sein, haben* und *werden*.

- Man braucht sie, um die **zusammengesetzten Zeitformen** zu bilden. ▧▶ Tempora 6.10
  *Sie **ist** in die Badewanne gegangen und **hat** sich gewaschen.* (Perfekt)
  *Er **hatte** schlecht geschlafen.* (Plusquamperfekt)
  *Wann **wird** sie wiederkommen?* (Futur)
- ...oder bei der Bildung des **Passiv:** ▧▶ Kapitel 6.12
  *Das Baby **wurde** geboren.*

sein, haben und *werden* können auch als „normale" Verben (Vollverben) im Satz stehen:

- **sein** – kann in Verbindung stehen mit:
  einem Adjektiv: *Der Großvater ist alt.*
  oder Substantiv: *Die Großmutter ist eine alte Frau.*

- **haben** – kann in Verbindung stehen mit:
  einem Substantiv: *Sie hat heute Geburtstag.*

- **werden** –kann in Verbindung stehen mit:
  einem Substantiv: *Sie möchte unbedingt Lehrerin werden.*
  einem Adjektiv: *Es wird jetzt langsam wärmer.*

▧▶ Bedeutung von *werden* vgl. Punkt 6.4
Konjugation von *sein, haben, werden* vgl. Punkt 6.7 und 6.8

6.3 Die Modalverben – *ich will lernen*

Die Modalverben bestimmen die Art und Weise, wie man etwas tut: gern oder nicht, freiwillig oder nicht usw.
Es gibt sechs Modalverben: *dürfen, können, müssen, sollen, wollen, mögen.*
Modalverben kommen meist mit einem anderen Verb zusammen vor. Das zweite Verb steht dann im Infinitv am Satzende. *Sie* ***soll*** *morgen nicht* ***kommen****.* ➔ Konjugation Punkt 6.7

Die unterschiedliche Bedeutung der Modalverben am Beispiel *arbeiten*

Er darf nicht arbeiten.

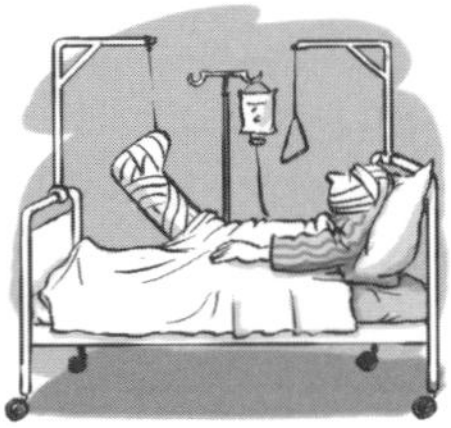

Er kann nicht arbeiten.

Er mag nicht arbeiten.

Er muss nicht arbeiten.

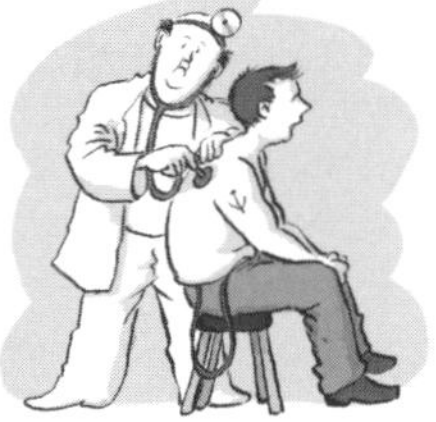

Er soll nicht arbeiten.

Er will nicht arbeiten.

Die Bedeutung der Modalverben

Modalverb	Bedeutung	Beispiel
dürfen	Erlaubnis	*Ich darf Eis essen.*
können	Möglichkeit	*Sie können das Auto abholen.*
	Fähigkeit	*Sie kann das Rätsel lösen.*
	höfliche Bitte	*Können Sie mir ein Bier bringen?*
	Erlaubnis	*Sie können mein Auto nehmen.*
mögen	ewas gern haben	*Ich mag Himbeereis.*
	Möglichkeit	*Du magst Recht haben.*
müssen	Notwendigkeit oder Befehl oder Aufforderung	*Ich muss morgen wegfahren.* *Du musst besser aufpassen!*
sollen	Aufforderung Befehl/Zweck/Gerücht	*Ich soll die Schuhe putzen.* *Sie soll gestohlen haben.*
wollen	Wille oder Absicht	*Sie will nie wieder lügen.*
		Sie will das Abitur machen

Möchte~ ist im eigentlichen Sinne kein Modalverb, wird aber als solches benutzt. (Es hat keinen eigenen Infinitiv und ist verwandt mit *mögen*, da die Form *möchten* der ursprüngliche Konjunktiv II von *mögen* ist.)

Die Bedeutung von *möchte~*

Ich möchte einmal nach Paris (fahren).	jemand hat einen Wunsch
Ich möchte einen Tee (trinken). *Ich möchte 150 Gramm Käse (kaufen).*	beim Bestellen und Einkaufen (höflich)

Im Vergleich die Bedeutung des Modalverbs *mögen*

Ich mag Konfekt.	Es schmeckt mir.
Ich mag die Möbel von Ikea.	Sie gefallen mir.

Modalverben können auch ohne Infinitiv stehen.
Ich möchte einen Tee. – (gemeint ist: trinken)
Kommst du mit? Nein, ich kann nicht. – (gemeint ist: mitkommen)
Ich muss nach Hause. – (gemeint ist: gehen)

Wollen kann unfreundlich wirken. Es klingt besser, wenn man sagt: *Ich möchte noch ein Bier.*

6.3.1 Die Negation der Modalverben – *du darfst nicht*

Du darfst nicht! Du sollst nicht! Das sind Sätze, die wohl allen bekannt sind. Sie sprechen ein Verbot aus. Es gibt aber auch noch andere Bedeutungen bei der Negation der Modalverben.

Max	**darf/soll**	am Wochenende	**nicht**	Fußball spielen.	Verbot
Paul	**kann**	morgen	**nicht**	zu dir kommen.	nicht möglich
Lea	**kann**	noch	**nicht**	Auto fahren	nicht fähig
Hazel	**kann**	die Heizung (Weil sie kein Werkzeug hat.)	**nicht**	reparieren.	Schlussfolgerung
Vater	**möchte**	in der Woche	**nicht**	helfen.	keine Lust
Mutter	**muss**	dafür am Sonntag	**nicht**	kochen.	nicht notwendig
Spinat	**musst**	du	**nicht**	essen.	kein Zwang
Doris	**soll**	im Urlaub	**nicht**	so viel rauchen.	nicht in Ordnung

6.4 Verben mit speziellen Bedeutungen – *brauchen, werden, kennen, wissen, lassen*

Die Bedeutung von *brauchen*

Brauchen kann – mit den Wörtern *nur* und *nicht* – wie ein Modalverb benutzt werden. Der Infinitiv wird dann mit *zu* gebildet. Es hat dann etwa die Bedeutung von *müssen.*

Ihr **braucht nicht zu** kommen, der Unterricht fällt aus.	es ist **nicht notwendig** *(nicht müssen)*
Du **brauchst nur zu** klopfen, dann mache ich dir auf.	es ist **notwendig** *(müssen)*

Die Bedeutung von *kennen* und *wissen*

Ich **kenne** den Fahrplan genau. Er **kennt** den Schaffner.	**Erfahrungen**, die man gesammelt hat
Ich **weiß** den Preis der Fahrkarte. Er **weiß**, wie teuer sie ist.	**Wissen**, das man über eine Tatsache hat

Die Bedeutung von *lassen*

Lassen Sie bitte den Koffer stehen.	eine Aufforderung aussprechen
Die Mutter lässt das Haus streichen.	einen Auftrag geben
Er lässt sie zur Disco gehen.	eine Erlaubnis geben
Lassen Sie das!	ein Verbot aussprechen
Ich lasse das lieber.	etwas nicht tun
Sie lässt ihn nicht gehen.	etwas verhindern

Die Bedeutung von *werden*

Wir	**werden**	*morgen bestimmt*	*aufräumen*	Versprechen
Ich	**werde**	*am besten gleich*	*anfangen.*	Plan
Heute	**wird**	*das Wetter noch schön*	*werden.*	Prognose
Das Taxi	**wird**	*noch pünktlich*	*kommen.*	Vermutung, Beruhigung

▶ *werden* als Hilfsverb vgl. Kapitel 6.2

6.5 Der Infinitiv – *hören und verstehen*

Der Infinitiv ist die Grundform des Verbs. Fast alle Verben setzen sich aus dem Wortstamm und der Endung **-en** zusammen.
laufen, springen, rennen
Ausnahmen bilden die Verben auf: **-ern, -eln, -n**
wandern, bügeln, tun, sein

Im Wörterbuch steht das Verb immer im Infinitiv.

- **klet·tern** [ˈklɛtɐn] <klettert, kletterte, geklettert> *itr* <sein> hinauf- und hinabsteigen und dabei die Hände benutzen *in den Bergen ~, auf den Baum ~*
- **kli·cken** [ˈklɪkn̩] <klickt, klickte, geklickt> *itr* **1.** ein kurzes Geräusch machen *Die Kamera klickte.* **2.** DV die Computermaus drücken *K~ Sie mit der Maus auf das Symbol!*

6.5.1 Der Infinitiv ohne zu

Infinitive benutzt man
– bei der Bildung der zusammengesetzten Zeiten: ▶ Kapitel 6.8
– Futur: *Sie wird morgen fahren.*

- Konjunktiv II ▐▐▶ Kapitel 6.11
  Ich würde gerne Schnitzel mit Mischgemüse essen.
- mit Modalverben: *Sie soll doch mal vorbeikommen.*
- beim Passiv: *Das Hemd sollte nicht so heiß gewaschen werden.*
  und Passiv Perfekt: *Das Hemd scheint zu heiß gewaschen worden zu sein.*
- bei Aufforderungen: *Bitte die Türen schließen.*
- bei Anweisungen: *Rauchen verboten! Zwiebeln schälen und in Stücke schneiden.*

Folgende Verben können in Verbindung mit einem Infinitiv auftreten.

bleiben	*Er **bleibt** nicht auf der Straße **stehen.***
gehen	*Ich **gehe** jetzt in die Bar **tanzen.***
fahren	*Sie **fährt** in die Stadt **einkaufen.***
lernen	*Er **lernt** gerade Flöte **spielen.***
hören	*Ich **höre** die Vögel **singen.***
sehen	*Ihr **seht** die Blumen **wachsen.***
lassen	*Sie **lassen** ihn noch **schlafen.***

Infinitive als Substantive

Infinitive können auch als Substantive gebraucht werden.
***Das Lesen** ist sehr entspannend.*
***Das Arbeiten** am Fließband ist sehr monoton.*

Wenn ein Artikel vor dem Infinitiv steht, handelt es sich um ein Substantiv und muss deshalb großgeschrieben werden.

6.5.2 Der Infinitiv mit zu – *Da gibt es nichts zu lachen.*

Es gibt Verben, Substantive, Adjektive und Partizipien, nach denen *zu* + Infinitiv stehen kann.
Das Kind scheint noch zu schlafen.
Er hat Mühe, alles zu verstehen.
Es ist nett, alten Leuten zu helfen.

 Vor *zu* + Infinitiv kann man zum besseren Verständnis ein Komma setzen.

Verben mit *zu* + Infinitiv

1. Bei einigen Verben steht *zu* + Infinitiv an Stelle des Subjekts. Dadurch gibt es keine Wortwiederholung.

– **meinen**:
Er meint, er hat immer Recht.   *Er meint, immer Recht zu haben.*

– **sich freuen**:
Wir freuen uns, dass wir ihn bald wiedersehen.   *Wir freuen uns, ihn bald wiederzusehen.*

– **hoffen**:
Er hofft, dass er bald wieder gesund ist.   *Er hofft, bald wieder gesund zu sein.*

Zu diesen Verben gehören außerdem:

anbieten, anfangen, aufhören, beabsichtigen, beginnen, sich bemühen, beschließen, denken an, sich entschließen, fürchten, sich gewöhnen an, glauben, planen, scheinen, vergessen, sich verlassen auf, versprechen, versuchen, vorhaben, sich weigern

2. Die Handlung des Objektes (Substantive im Genitiv, Dativ oder Akkusativ eines Satzes) wird mit *zu* + Infinitiv beschrieben.

auffordern	Handlung	Objekt	Handlung
Ich fordere dich auf,	*bringe*	*den Müll* (Akkusativ)	*weg.*

auffordern	Objekt	*zu* + Infinitiv
Ich fordere dich auf,	*den Müll*	*wegzubringen.*

Zu diesen Verben gehören außerdem:

anbieten, befehlen, bitten, bringen zu, einladen, empfehlen, erinnern (an), erlauben, ermöglichen, gelingen, helfen, leicht fallen, raten, schwer fallen, überreden (zu), verbieten, warnen vor

zu + Infinitiv bei Verben mit einem Verbzusatz

Zu steht zwischen dem Verbzusatz und dem Infinitiv.

aus̬arbeiten: _{zu} *Ich habe keine Lust, das Referat auszuarbeiten.*

ein̬schlafen: _{zu} *Er hat Schwierigkeiten einzuschlafen.*

Adjektive und Partizipien mit *zu* + Infinitiv

In einem Teil des Satzes steht *sein* (konjugiert) + ein Adjektiv oder ein Partizip. Im zweiten Teil des Satzes steht der Infinitiv.

– *interessant*:
    Sie finden es interessant, sich über ihre Handys zu unterhalten.
– *verboten*:
    Es ist verboten, den Rasen zu betreten.

Zu diesen Adjektiven und Partizipien gehören außerdem:

bereit (zu), entschlossen (zu), erlaubt, erfreut (über) erstaunt, gesund/ungesund, gewohnt/ungewohnt, gut/schlecht, höflich/unhöflich, interessant/uninteressant, leicht/schwer, nötig/unnötig, praktisch/unpraktisch, stolz (auf), richtig/falsch, überzeugt (von), wichtig/unwichtig

Substantive mit *zu* + Infinitiv

– *die Lust*:
    Ich habe Lust, heute baden zu gehen.
– *der Spaß*:
    Es macht keinen Spaß, immer zu verlieren.

Zu diesen Substantiven gehören außerdem:

die Absicht, die Angst (vor), die Freude, die Gelegenheit, der Grund (für), die Möglichkeit, die Mühe, das Problem, die Schwierigkeiten, die Zeit

Konjunktionen mit *zu* + Infinitiv

anstatt – *Er isst jeden Tag Schokolade, anstatt auf seine Diät zu achten.*
ohne – *Er sitzt den ganzen Tag vor dem Computer, ohne sich zu bewegen.*
um – *Ich gehe in die Schule, um zu lernen.*

||||➡ Kapitel 8.1

6.6 Die Partizipien

Partizipien werden auch Mittelwort genannt, weil sie vom Infinitiv eines Verbs abgeleitet ...

Infinitiv (Grundform)	*schlafen, schnarchen, aufstehen*
– Partizip I	*schlafend, schnarchend, aufstehend*
– Partizip II .	*geschlafen, geschnarcht, aufgestanden*

... und wie ein Adjektiv dekliniert werden.
Der lesende Mann will nicht gestört werden. (Nominativ)
Dem lesenden Mann gehört die Brille. (Dativ)

6.6.1 Das Partizip I – *der lesende Vater*

Das Partizip I wird auch Partizip Präsens (Gegenwart) genannt. Es bezeichnet einen Vorgang in der Gegenwart, der noch anhält.
der schlafende Vater – Er schläft im Moment.
das weinende Kind – Es weint im Moment.

Die Bildung des Partizip I:

Das Partizip I wird mit dem Verbstamm + *-end* gebildet.
schlafend, spielend, singend

Die Verwendung des Partizip I

Das Partizip I kann als Adjektiv und Substantiv verwendet werden.
– **Das Partizip als Adjektiv** kann vor und nach dem Substantiv stehen.
vor dem Substantiv: *Ich sehe den spielenden Kindern zu.*
Deklination wie ein Adjektiv ➡ Kapitel 4
nach dem Substantiv: *Die Kinder saßen spielend im Sandkasten.*
keine Deklination
– **Das Partizip als Substantiv**:
der Weinende
Deklination wie ein Substantiv ➡ Kapitel 2

6.6.2 Das Partizip II – *der gebackene Kuchen*

Das Partizip II wird auch Partizip Perfekt genannt, weil es einen abgeschlossenen Vorgang in der Gegenwart bezeichnet.

	Bedeutung:
der gebackene Kuchen	Er ist bereits fertig.
die geschälten Kartoffeln	Sie sind bereits geschält.

Die Bildung des Partizip II:

Bei der Bildung des Partizip II muss man zwischen regelmäßigen und unregelmäßigen Verben unterscheiden.

Das Partizip II der **regelmäßigen Verben** wird folgendermaßen gebildet:

ge- + Verbstamm + *-t*	*ge-* + Verbstamm + *et*	Verbstamm + *t*
gekocht, geschmeckt	*geredet, gearbeitet*	*registriert, repariert*
	Verbstamm endet auf *-d oder -t*	Verben mit der Endung *-ieren*

Bei Verben mit **abtrennbarem Verbzusatz** steht *-ge* zwischen Verbzusatz und Verb: *Er hat angehalten.* ⮞ Kapitel 6.1.5

Das Partizip II der **unregelmäßigen Verben** wird so gebildet:

ge- + Partizip-II- + *-en*
Stamm

| springen: | *ge-* | *sprung* | *-en* | *Er ist ins Wasser gesprungen.* |
| fahren: | *ge-* | *fahr* | *-en* | *Sie ist nach Rügen gefahren.* |

Die Bildung bei Verben **mit abtrennbarem Verbzusatz**:
hinfahren: **hin-ge-fahr-en**   *Bist du schon hingefahren?*

Die Bildung bei Verben **ohne abtrennbaren Verbzusatz**:
verstehen: **verstand-en.**   *Er hat den Film verstanden.*
              ge- fällt weg!

 Das Partizip II der unregelmäßigen Verben muss man auswendig lernen. Die wichtigsten finden Sie im Anhang.

Die Verwendung des Partizip II

– Das Partizip II **als Adjektiv**
– **vor** dem Substantiv:
   *Die **gewaschene** Wäsche hängt im Garten.*
   Deklination: wie ein Adjektiv
– **nach** dem Substantiv
   *Die Wäsche hängt **gewaschen** im Garten.*
   Deklination: keine
– Das Partizip II **als Substantiv**
   *gewesen – Das **Gewesene** sollte man vergessen.*
   Deklination: wie ein Substantiv

6.7 Die finite Form des Verbs – *ich schlafe*

Verben, die sich nach Person und Numerus verändern, nennt man finite Verbformen. Sie haben typische Verbendungen für die Personalformen im Singular und Plural.

	Singular	typische Endung	Plural	typische Endung
1. Person	*ich wohne*	**-e**	*wir wohnen*	**-en**
2. Person	*du wohnst*	**-st**	*ihr wohnt*	**-t**
3. Person	*er/sie/es wohnt*	**-t**	*sie wohnen*	**-en**

‖▶ Die Personalformen des Verbs Kapitel 6.9

Am Verbstamm ist zu erkennen, **was** das Verb bedeutet. Die Endung zeigt, **wer** etwas tut. Weil es aber für verschiedene Personen gleiche Endungen gibt, braucht man andere Wörter wie Pronomen oder Substantive, damit die Person genau identifiziert werden kann.
(wir) wohnen, (sie) wohnen

6.8 Die Bildung der Verbformen

Es gibt verschiedene Arten, die Formen des Verbs zu bilden.
Man unterscheidet die Bildung der **regelmäßigen Verben** und der **unregelmäßigen Verben**.

Welcher Gruppe ein Verb zugeordnet wird, kann man an drei Verbformen erkennen:

1. Infinitiv – *helfen*
2. Präteritum (Vergangenheit) – *er half*
3. Partizip II – *geholfen*

Sie bilden die drei Stammformen des Verbs

Der Verbstamm ist der Infinitiv ohne Endung *-en*.

6.8.1 Die regelmäßigen Verben – *er redet Unsinn*

Bei den regelmäßigen Verben verändert sich der Stamm des Verbs nicht. Im Präteritum erhält der Verbstamm die Endung -te und das Partizip die Endung -t. Sie werden auch schwache Verben genannt.

Die Stammformen der regelmäßigen Verben:

Infinitiv	Präteritum -*te* Endung (3. Person Singular)	Partizip II -*t* Endung
reden	er redete	er hat geredet
tanzen	er tanzte	er hat getanzt
lachen	er lachte	er hat gelacht

6.8.2 Die unregelmäßigen Verben – *sie rief laut*

Bei unregelmäßigen Verben verändert sich der Stammvokal im Präteritum und teilweise auch im Partizip II. Im Präteritum sind die Verben meist endungslos. Das Partizip II hat die Endung -en. Sie werden auch starke Verben genannt.

Für die Veränderung des Stammvokals gibt es drei Möglichkeiten:

ABC – im Infinitiv, Präteritum und Partizip II gibt es drei verschiedene Vokale
ABB – im Präteritum und Partizip II sind die Vokale gleich
ABA – im Infinitiv und Partizip II sind die Vokale gleich

Infinitiv	Präteritum	Partizip II
A	B	C
sprechen	sprach	gesprochen
singen	sang	gesungen
A	B	B
schneiden	schnitt	geschnitten
heben	hob	gehoben
A	B	A
fahren	fuhr	gefahren
laufen	lief	gelaufen

Bei einigen Wörtern kommt es außerdem zum Wechsel der Konsonanten.

d – tt: *schneiden, schnitt, geschnitten*
ss – ß : *essen, aß, gegessen / messen, maß, gemessen*
ß – ss: *fließen, floss, geflossen / gießen, goss, gegossen*
Dies gilt nicht in der Schweiz, da man dort kein ß hat!

Es gibt auch unregelmäßige Verben, die besondere Formen bilden.

gehen	*ging*	*gegangen*	**stehen**	*stand*	*gestanden*
haben	*hatte*	*gehabt*	**treffen**	*traf*	*getroffen*
nehmen	*nahm*	*genommen*	**tun**	*tat*	*getan*
sein	*war*	*gewesen*	**werden**	*wurde*	*geworden*
sitzen	*saß*	*gesessen*	**ziehen**	*zog*	*gezogen*

Einige unregelmäßige Verben wechseln den Stammvokal und haben trotzdem die Endung der regelmäßigen Verben.

bringen	*brachte*	*gebracht*
kennen	*kannte*	*gekannt*
wissen	*wusste*	*gewusst*

Am besten ist es, gleich alle drei Formen zu lernen. ▐▌▶ Im Anhang befindet sich eine Liste der unregelmäßigen Verben.

6.9 Die Personalformen des Verbs – *ich trinke*

Wenn sich das Verb nach Person und Numerus verändert, spricht man von den finiten Verbformen. ▐▌▶ Kapitel 6.7. Für die einzelnen Personalformen gibt es bestimmte Endungen, die an den Verbstamm gehängt werden. Allerdings gibt es Unterschiede für regelmäßige und unregelmäßige Verben. Zunächst werden die Verben im Präsens (Gegenwart) dargestellt.

6.9.1 Die Personalformen des regelmäßigen Verbs

Das regelmäßige Verb hat feste Endungen für die einzelnen Personen im Singular und Plural.

	Singular		Plural
1. Person	*ich spiele*	1. Person	*wir spielen*
2. Person	*du spielst*	2. Person	*ihr spielt*
3. Person	*er, sie, es spielt*	3. Person	*sie spielen*

 Wenn der Verbstamm auf **-d**, **-t**, auf **-ln** oder **-s**, **-ß** endet, gibt es kleine Abweichungen zur Tabelle, damit man die Verben besser aussprechen kann.

+ e: *arbeiten: du arbeitest, er arbeitet, ihr arbeitet*
– e: *sammeln: ich sammle*
– s: *heißen: du heißt*

6.9.2 Die Personalformen des unregelmäßigen Verbs

Einige unregelmäßige Verben folgen im Präsens dem Schema der regelmäßigen Verben.
  ich stehe, du stehst, er steht, wir stehen, ihr steht, sie stehen
  ich spiele, du spielst, er spielt, wir spielen, ihr spielt, sie spielen
Andere ändern den Stammvokal in der zweiten und dritten Person Singular.

fallen	*laufen*	*helfen*	*lesen*	*stoßen*	*nehmen*
a – ä	*au – äu*	*e – i*	*e – ie*	*o – ö*	Achtung!!!
ich falle	*ich laufe*	*ich helfe*	*ich lese*	*ich stoße*	*ich nehme*
du fällst	*du läufst*	*du hilfst*	*du liest*	*du stößt*	*du nimmst*
er fällt	*er läuft*	*er hilft*	*er liest*	*er stößt*	*er nimmt*
wir fallen	*wir laufen*	*wir helfen*	*wir lesen*	*wir stoßen*	*wir nehmen*
ihr fallt	*ihr lauft*	*ihr helft*	*ihr lest*	*ihr stoßt*	*ihr nehmt*
sie fallen	*sie laufen*	*sie helfen*	*sie lesen*	*sie stoßen*	*sie nehmen*

6.10 Die Tempora – *ich liege, ich lag, ich habe gelegen*

Handlungen und Geschehen können in verschiedenen Zeiten stattfinden:
  in der Gegenwart – es passiert im Moment
  in der Vergangenheit – das Geschehen ist vorbei
  in der Zukunft – das Geschehen kommt noch

Im Deutschen wird das zeitliche Geschehen in sechs verschiedenen Tempora ausgedrückt.

Vergangenheit			Gegenwart	Zukunft	
Plusquamperfekt	Präteritum	Perfekt	Präsens	Futur I	Futur II
ich hatte gelesen	*ich las*	*ich habe gelesen*	*ich lese*	*ich werde lesen*	*ich werde gelesen haben*

Das Präsens, Präteritum und das Futur gehören zu den drei einfachen Tempora.
Das Perfekt, Plusquamperfekt und das Futur II beziehen sich auf die einfachen Tempora. Aufgrund ihrer Bildung mit den Hilfsverben *haben, sein, werden* und dem Partizip II nennt man sie auch zusammengesetzte Tempora.

einfache Tempora	zusammengesetzte Tempora
Präsens *ich male*	Perfekt *ich habe gemalt*
Präteritum *ich malte*	Plusquamperfekt *ich hatte gemalt*
Futur I *ich werde malen*	Futur II *ich werde gemalt haben*

Die Tempora haben verschiedene Aufgaben bei der zeitlichen Darstellung von Handlungen oder Geschehen.

6.10.1 Das Präsens – *ich esse*

Das Präsens bezeichnet primär ein Geschehen in der Gegenwart. Es gibt jedoch einige Möglichkeiten, die Gegenwart zu modifizieren.

Es geschieht im Moment.	*Er wäscht das Auto.*
Es geschieht immer so.	*Ich stehe jeden Morgen um 6 Uhr auf.*
Etwas gilt immer.	*Die Woche hat sieben Tage.*
Etwas Vergangenes soll in Gedanken wieder gegenwärtig werden.	*Wir waren 1980 in Paris. Ich sehe uns noch auf dem Eiffelturm stehen.*
Etwas, was früher begann, dauert bis jetzt an.	*Ich lebe seit drei Monaten in Deutschland.*
Etwas geschieht in der Zukunft.	*Morgen ziehe ich in die neue Wohnung.*

Die Bildung des Präsens

Die Formen der regelmäßigen und unregelmäßigen Verben, die bereits beschrieben wurden, entsprechen dem Präsens. ▌▌▌➡ Kapitel 6.8.1 bis 6.8.2

Die Personalformen von *haben* und *sein* im Präsens

	haben		sein
Singular		**Singular**	
1. Person	ich habe	1. Person	ich bin
2. Person	du hast	2. Person	du bist
3. Person	er/sie/es hat	3. Person	er ist
Plural		**Plural**	
1. Person	wir haben	1. Person	wir sind
2. Person	ihr habt	2. Person	ihr seid
3. Person	sie haben	3. Person	sie sind

Die Modalverben im Präsens

können	wollen	dürfen	sollen	mögen	müssen
ich kann	ich will	ich darf	ich soll	ich mag	ich muss
du kannst	du willst	du darfst	du sollst	du magst	du musst
er kann	er will	er darf	er soll	er mag	er muss
wir können	wir wollen	wir dürfen	wir sollen	wir mögen	wir müssen
ihr könnt	ihr wollt	ihr dürft	ihr sollt	ihr mögt	ihr müsst
sie können	sie wollen	sie dürfen	sie sollen	sie mögen	sie müssen

6.10.2 Das Perfekt – *ich habe gegessen*

Das Perfekt bezeichnet ein vergangenes Geschehen, das bis in die Gegenwart reicht. Es wird vor allem in der gesprochenen Sprache, aber auch in Briefen oder Artikeln benutzt.

12.00 Uhr   12.30 Uhr

| Perfekt | ⟶ | Präsens |

Wir haben um 12 Uhr angefangen Mittag zu essen.

Das Perfekt zeigt an, dass das Geschehen noch anhält. (Wir essen immer noch.)

Das Perfekt kann aber auch ein Geschehen ausdrücken, das vor der Gegenwart liegt.

Vorzeitigkeit   Gegenwart

| Perfekt | ◀— | Präsens |

Er ist zur Schwimmhalle gefahren, wo er jetzt trainiert.

80

Das Perfekt wird meist in der Umgangssprache benutzt, wenn das Präteritum gemeint ist. *Ihr habt abgewaschen,* klingt viel besser als *Ihr wuscht ab.*

Die Bildung des Perfekt

Das Perfekt wird mit Hilfe der Personalformen von *haben* oder *sein* im Präsens und dem Partizip II des Verbs gebildet.

Man unterscheidet:

regelmäßige Verben	unregelmäßige Verben	Mischformen
ge- + Verbstamm + *-t* (*-et* bei *-d* , *-t*, am Ende des Verbstamms)	*ge-* +Verbstamm + *-en* Änderung von Vokal und Konsonant möglich	*ge-* +Verbstamm + *-t* und Änderung des Stammvokals
reisen – gereist *leisten – geleistet* *schmecken – geschmeckt*	*sehen – gesehen* *helfen – geholfen* *beißen – gebissen*	*denken – gedacht* *kennen – gekannt* *wissen – gewusst*

Das Perfekt mit **haben** und **sein**

Das Perfekt wird mit *haben* oder *sein* gebildet. Welches Hilfsverb benutzt wird, hängt vom Vollverb ab.

Das Perfekt mit haben

Die meisten Verben bilden das Perfekt mit *haben.*
 Die Opernsängerin **hat** *furchtbar* **gesungen.**
– besonders bei Verben mit Akkusativobjekt
 Der Dirigent **hat** *ängstlich in den Zuschauerraum* **gesehen.**
– bei reflexiven Verben
 Ich glaube, er **hat sich** *für die Sängerin* **geschämt.**
– Modalverben
 Diese Blamage kann sie doch nicht **gewollt haben.**

Das Perfekt mit sein

Die restlichen Verben bilden das Perfekt mit *sein.*
– Verben der Ortsveränderung A → B
 Das Kind **ist** *in die Küche* **gelaufen.**
– Verben, die sich auf eine Zustandsänderung beziehen
 Dort **ist** *der heiße Topf* **umgefallen.** (Vorher stand der Topf.)
– Verben, die ein Geschehen beschreiben
 Dem Kind **ist** *Milch auf das Hemd* **gespritzt.**
– *sein* und *bleiben* und *werden*
 Er **ist** *in der Speisekammer* **gewesen.**
 Er **ist** *dort* **geblieben**, *bis kein Fleischklößchen mehr da war.*
 Zum Schluss **ist** *ihm schlecht* **geworden.**

Manche Verben können das Perfekt mit *sein* und *habe*n bilden. Es handelt sich dann um regionale Besonderheiten.

Ich habe gesessen. (norddeutsch)
Ich bin gesessen. (österreichisch und süddeutsch)

Das Perfekt der Modalverben

Das Perfekt der Modalverben wird selten benutzt. Gebräuchlicher ist das Präteritum.

Perfekt	Präteritum
Ich habe gestern nicht fernsehen **können.** (nicht: *gekonnt!!*) Modalverb im Infinitiv	*Ich* **konnte** *gestern nicht* **fernsehen.** Modalverb + Vollverb
Sie **hat** *den Salat gern* **gemocht.** *Er* **hat** *das wirklich* **gewollt.** Modalverb im Partizip II	*Sie* **mochte** *ihn gern.* *Sie* **wollte** *das wirklich!* nur Modalverb

Das Perfekt der anderen Modalverben wird ebenso gebildet (entweder mit Infinitiv oder Partizip II).

Das Perfekt von Verben + Infinitiv

Sie bilden das Perfekt wie alle anderen Verben mit einer Personalform von *haben* oder *sein* und mit dem Partizip II. Der Infinitiv bleibt erhalten:

Präsens: *Bei dem schönen Wetter gehen wir spazieren.*
Perfekt: *Bei dem schönen Wetter* **sind** *wir heute* **spazieren gegangen.**

Allerdings gibt es folgende Ausnahmen:

hören, sehen und lassen mit Infinitiv

Anstelle des Partizips wird der Infinitiv benutzt.

hören — *Der Chorleiter hat den Jungen singen hören.*
(**nicht**: *gehört*)

sehen — *Den Streit habe ich kommen sehen.*
(**nicht**: *gesehen*)

lassen — *Wir haben das Haus wieder aufbauen lassen.*
(**nicht**: *gelassen*)

Das Perfekt der Verben mit der Endung *-ieren*

Hierbei handelt es sich um Verben, die aus anderen Sprachen übernommen wurden.
Diese Verben haben kein **ge-** im Perfekt.
passieren: *Ihm ist bei dem Unfall nichts passiert.*
probieren: *Er hat den Kuchen probiert.*
studieren: *Er hat in Dresden studiert.*

Das Perfekt von Verben mit Verbzusätzen

Bei diesen Verben muss man zwischen trennbaren und untrennbaren Präfixen des Verbs unterscheiden.

trennbarer Verbzusatz	untrennbarer Verbzusatz
ge- zwischen Präfix und Verb	ohne *ge-*
Er hat zugehört.	*Der Dirigent hat das Konzert nicht wiederholt.*
Sie ist nicht weggelaufen.	*Die Sängerin hat sich sehr erschrocken.*

6.10.3 Das Präteritum – *ich aß*

Das Präteritum liegt zeitlich vor dem Perfekt. Es beschreibt ein abgeschlossenes vergangenes Geschehen. Man verwendet es besonders in der Schriftsprache, zum Beispiel in Märchen:

Eine arme Witwe **lebte** einsam in einer Hütte. Vor der Hütte **war** ein Garten, darin **standen** zwei Rosenbäumchen...

Die Bildung des Präteritums

Bei der Bildung muss wieder nach regelmäßigen und unregelmäßigen Verben unterschieden werden.

Das Präteritum der regelmäßigen Verben:
Verbstamm + *-te* + Personalendung (*-ete* nach *-d, -t*)
Die unregelmäßigen Verben haben eigene Personalendungen. Außerdem ändert sich im Präteritum meistens der Stammvokal. ▶ Vgl. Punkt 6.8.2 und Liste der Verben im Anhang

regelmäßige Verben		typische Verbendungen		unregelmäßige Verben	
wohnen	reden	regelmäßig	unregelmäßig	gehen	hinbringen
ich wohnte	ich redete	-te	- oder -te	ich ging	ich brachte hin
du wohntest	du redetest	-test	-st oder -test	du gingst	du brachtest hin
er wohnte	er redete	-te	- oder -te	er ging	er brachte hin
wir wohnten	wir redeten	-ten	-en oder -ten	wir gingen	wir brachten hin
ihr wohntet	ihr redetet	-tet	-t oder-tet	ihr gingt	ihr brachtet hin
sie wohnten	sie redeten	-ten	-en oder -ten	sie gingen	sie brachten hin

Das Präteritum von *haben* und *sein*

haben	sein
ich hatte	ich war
du hattest	du warst
er hatte	er war
wir hatten	wir waren
ihr hattet	ihr wart
sie hatten	sie waren

Das Präteritum der Modalverben

Die Modalverben *können, wollen, müssen, dürfen, sollen, mögen* bilden das Präteritum wie die regelmäßigen Verben. Sie haben hier allerdings keinen Umlaut wie im Präsens.

	können	*wollen*	*müssen*	*dürfen*	*sollen*	*mögen*
ich	konnte	wollte	musste	durfte	sollte	mochte
du	konntest	wolltest	musstest	durftest	solltest	mochtest
er/sie/es	konnte	wollte	musste	durfte	sollte	mochte
wir	konnten	wollten	mussten	durften	sollten	mochten
ihr	konntet	wolltet	musstet	durftet	solltet	ihr mochtet
sie	konnten	wollten	mussten	durften	sollten	mochten

 In der gesprochenen Sprache benutzt man lieber das Perfekt. Nur die Verben *haben, sein, wissen* und die Modalverben verwendet man fast immer im Präteritum.

 Weil *möchten (Ich möchte ein Eis.)* keine Vergangenheit hat, sagt man: *Ich wollte ein Eis.*

6.10.4 Das Plusquamperfekt – *ich hatte gegessen*

Das Plusquamperfekt bezeichnet die Vorzeitigkeit zum Präteritum.

Vorzeitigkeit zur Vergangenheit   Vergangenheit

Plusquamperfekt	◄───────	Präteritum

(Das ist vorher passiert.)
Als wir unser Training beendet hatten, gingen wir noch in eine Kneipe.

Die Bildung des Plusquamperfekts

Das Pluspuamperfekt wird mit dem Präteritum von *haben* oder *sein* gebildet und dem Partizip Perfekt.

▥▶ Der Gebrauch von *haben* oder *sein* siehe Punkt 6.8

Präteritum von *haben* oder *sein*	Partizip II
Sie hatten (in der Schule)	*gewartet.*
Sie waren (in den Supermarkt)	*gegangen.*

6.10.5 Das Futur I – *ich werde essen*

Das Futur I bezeichnet ein Geschehen in der Zukunft.
Morgen werde ich endlich die Fenster putzen.
Es kann ebenfalls eine Erwartung oder Vermutung ausdrücken.
Er wird wohl morgen den Lohn auszahlen. (Ich vermute es zumindestens.)

Die Bildung des Futur I

Das Futur I wird mit einer Personalform von *werden* im Präsens und Infinitiv gebildet.

ich werde	*schwimmen*
du wirst	*schwimmen*
er/sie/es wird	*schwimmen*
wir werden	*schwimmen*
ihr werdet	*schwimmen*
sie werden	*schwimmen*

 Meist verwendet man aber das Präsens mit einer Zeitangabe, die deutlich macht, dass eine Handlung in der Zukunft passiert.
*Ich besuche dich **morgen**.*
*Wir kommen **nächste Woche** vorbei.*

6.10.6 Das Futur II – *ich werde gegessen haben*

Das Futur II bezieht sich auf das Futur I. Es bezeichnet ein in der Zukunft abgeschlossenes Geschehen. Es kommt selten vor.

11.00 Uhr – *Ich schäle jetzt Kartoffeln.* – Präsens
11.30 Uhr – *Dann werden die Kartoffeln auf den Herd gestellt.* – Futur I
12.00 Uhr – *Um 12.00 Uhr werden die Kartoffeln fertig (gekocht) sein.* – Futur II
Da das Futur II aber sehr umständlich klingt, verwendet man oft das Perfekt. – *Um 12.00 Uhr sind die Kartoffeln fertig (gekocht).*

Das Futur II kann außerdem über ein vergangenes Geschehen berichten.
Bei der Wahl seines Berufes wird er wohl an seinen Vater gedacht haben.

Die Bildung des Futur II

Es wird folgendermaßen gebildet:

eine Personalform von *werden* im Präsens	Partizip II des Verbs	Infinitiv von *haben* oder *sein*
Er wird den Zug *Wir werden morgen*	*verpasst* *angekommen*	*haben.* *sein.*

6.11 Die Modi – *er gibt, er gebe, er gäbe – Gib her!*

Der Sprecher sagt etwas und verbindet damit eine Absicht.
Er kann es ganz neutral sagen:
   Er gibt mir das Messer.
oder er gibt etwas wieder, was er gehört oder gesehen hat:
   Der Mann sagte, er gebe mir das Messer.
Es kann aber auch sein, dass er sich nur etwas denkt:
   Es wäre gut, wenn ich jetzt ein Messer hätte.
oder eine Anweisung aussprechen will:
   Gib das Messer her!
Wie die Beispiele zeigen, kann die Aussage sehr verschieden sein. Möglich wird das durch den Modus des Verbs.

Für das Verb gibt es folgende Modi:

Modus	Beispiel
der Indikativ	*Er gibt mir das Buch zurück.*
der Konjunktiv I	*Er sagte, er gebe mir das Buch zurück.*
der Konjunktiv II	*Er sagte, er gäbe mir das Buch zurück.*
Imperativ	*Gib mir das Buch sofort zurück!*

 Die Haltung des Sprechers kann auch durch den Gebrauch von Modalverben deutlich werden. ➠ Kapitel 6.3
Er möchte nicht aufs Gymnasium gehen. (Er hat keine Lust)

6.11.1 Der Indikativ – *Ich miete ein Haus.*

Dieser Modus wird auch Wirklichkeitsform genannt. Mit dem Indikativ sagt man, was ist, was geschehen ist oder was noch geschehen wird.

Wir haben uns gestern ein Motorrad gemietet.
Nach drei Stunden haben wir es dann wieder abgegeben.

➠ Der Infinitiv 6.5, die Verbformen 6.7 + 6.8, die Tempora 6.10

6.11.2 Die Konjunktive – *Ich würde ein Haus mieten.*

Die Konjunktive haben zunächst die Aufgabe, Formen der Möglichkeit zu bilden. Dafür gibt es den Konjunktiv I und II. Beide Konjunktive haben ganz spezielle Funktionen.

Der Konjunktiv I

Der Sprecher berichtet von etwas.
Sie sagte mir, dass sie nicht kommen werde.
Der Sprecher ist sich nicht sicher, ob das Gesagte auch stimmt.
Sie hat mir gesagt, sie sei krank.

Der Konjunktiv II

Der Sprecher redet über etwas Gedachtes, das aber nicht wirklich ist.
Wenn ich Geld hätte, würde ich einmal um die Welt reisen.

6.11.3 Der Konjunktiv I – *Man nehme drei Eier*

1. Der Konjunktiv I ist typisch für die indirekte Rede.

Der Pfarrer erzählt in der **direkten Rede** gegenüber einem Reporter:

Der Reporter berichtet am nächsten Tag im Fernsehen von seinem Gespräch mit dem Pfarrer. **Indirekte Rede:**

„Der Sturm hat heute Nacht das Dach unserer Kirche zerstört."

Der Pfarrer erzählte, dass der Sturm gestern Nacht das Dach der Kirche zerstört habe.

Wichtig sind die Anführungszeichen („").

Die Rede wird genau wiedergegeben. Der Sprecher kann aber keine Garantie für die Wahrheit der Aussage geben, weil er es nicht selbst gesehen hat.

Die Tempora der indirekten Rede

übergeordneter Satz
Der Pfarrer erzählt, ...   *Das Kind sagte, ...*   *Die Eltern haben gedacht, ...*

untergeordneter Satz

*dass der Sturm das Dach der Kirche **zerstört habe**.*
Konjunktiv I Perfekt

*es **habe** Bauchschmerzen.*
*es **sei** krank.*
*es **esse** Tabletten.*
Konjunktiv I Präsens

*mit einer Wärmflasche **werde** es ihm bald besser **gehen**.*
Konjunktiv I Futur

Bei der indirekten Rede gibt es immer einen übergeordneten Satz, in dem die sprechende Person genannt wird. Sie kann in allen sechs Tempora stehen. Im zweiten Teil des Satzes erfährt man dann, worum es geht.

1. An der Wahl des Tempus kann der Hörer erkennen, wann das Geschehen stattfindet.

- **Konjunktiv I Perfekt**: Das Geschehen hat bereits stattgefunden. (vorher)
- **Konjunktiv I Präsens**: Das Geschehen findet im Moment des Sprechens statt. (gleichzeitig)
- **Konjunktiv I Futur**: Das Geschehen findet später statt. (nachher)

2. Wenn der Sprecher über ein Geschehen spricht, zu dem er Distanz hat, wählt er ebenfalls den Konjunktiv I.
   Sie zeigte mir das neue Sofa und sagte, dass es schön sei.
   (Der Sprecher scheint es aber nicht schön zu finden, sonst hätte er den Satz im Indikativ gesagt.)

3. Bei Aufforderungen oder Gebrauchsanweisungen benutzt man den Konjunktiv ebenfalls,

zum Beispiel in Koch- und Backbüchern:
   Man nehme drei Eier und schlage sie in eine Schüssel.

oder auf Arzneiverpackungen:
   Man nehme täglich drei Tropfen.

Der Konjunktiv I wird hauptsächlich in schriftlichen Texten verwendet. In der Umgangssprache bevorzugt man den Konjunktiv II oder *würde* + Infinitiv.
   Er zeigte mir das neue Sofa und sagte, er würde es schön finden.
Wenn der Konjunktiv I außerhalb der offiziellen Sprache gebraucht wird, dann meist nur im Präsens.

Die Bildung des Konjunktiv I

Der Konjunktiv I Präsens wird vom Infinitiv des Verbs abgeleitet. Oft kann man die Formen des Konjunktiv jedoch nicht von denen des Indikativ Präsens unterscheiden.

Typisch ist die Verbendung *-e* in der ersten und dritten Person Singular (außer *sei*), sowie der **e**-Einschub in der 2. Person Singular und Plural. Der Vokal ändert sich nicht.

Indikativ Präsens regelmäßig/unregelmäßig	typische Endung	Konjunktiv I	typische Endung
ich höre, ich rufe	*-e*	*ich höre, ich rufe*	*-e*
du hörst, du rufst	*-st*	*du hörest, du rufest*	*-est*
er hört, er ruft	*-t*	*er höre, er rufe*	*-e*
wir hören, wir rufen	*-en*	*wir hören, wir rufen*	*-en*
ihr hört, ihr ruft	*-t*	*ihr höret, ihr rufet*	*-et*
sie hören, sie rufen	*-en*	*sie hören, sie rufen*	*-en*

Bei Formen, die sich nicht unterscheiden, benutzt man als Ersatz den Konjunktiv II oder *würde* + Infinitiv.

Die gebräuchlichsten Formen der Verben des Konjunktiv I

	Hilfsverben			Modalverben		regelmäßig	unregelmäßig	
ich	*sein* *sei*	*haben*	*werden*	*müssen* *müsse*	*wollen* *wolle*	*kaufen*	*lassen*	*wissen* *wisse*
du	*seist*							
er/sie/es	*sei*	*habe*	*werde*	*müsse*	*wolle*	*kaufe*	*lasse*	*wisse*
wir	*seien*							
ihr								
sie	*seien*							

Die Bildung des Konjunktiv Perfekt und Futur

Konjunktiv I Perfekt:

Der Bäcker sagte, er habe heute keine Brötchen gebacken.

Er wird mit dem Konjunktiv I von *haben* oder *sein* und dem Partizip II des Vollverbs gebildet.

ich sei gekommen, er sei gekommen
ich habe gegeben, er habe gegeben

Die erste Person Singular und Plural und die 3. Person Plural von *haben* werden mit dem Konjunktiv II gebildet:
ich hätte gegeben, wir hätten gegeben, sie hätten gegeben

Konjunktiv I Futur:

Die Kollegin sagte, sie werde morgen pünktlich sein.

Er wird mit dem Konjunktiv I von *werden* und dem Infinitiv des Vollverbs gebildet.

er werde kommen, er werde geben

Die erste Person Singular und die drei Personen im Plural werden mit der Ersatzform *würden* gebildet.

ich würde geben, wir würden geben, ihr würdet geben, sie würden geben

In der Umgangssprache wird der Konjunktiv I selten benutzt. Es ist nur wichtig, ihn in Texten zu erkennen, um die Absicht des Autors oder Sprechers zu verstehen.

6.11.4 Der Konjunktiv II – *Ich würde gern fliegen.*

Mit dem Konjunktiv II wird etwas Nichtwirkliches oder Gedachtes ausgedrückt.

Indikativ	Konjunktiv II
Ich bin gern Tänzerin. *Ich fliege oft nach Australien,* *weil ich Pilot bin.*	*Ich **wäre** gern Tänzerin.* *Wenn ich Pilot **wäre**, **würde** ich* *oft nach Australien fliegen.* Es ist aber leider nicht real.

Es können **Bedingungen** ausgedrückt werden.
Wenn ich viel Geld hätte, würde ich nicht mehr arbeiten.

Es kann ein **höflicher Wunsch** ausgedrückt werden.
*Ich **hätte** gern noch eine Tasse Kaffee.*
Könnten** Sie mir bitte Zucker **bringen?
***Wären** Sie so nett, mir noch ein Glas Sekt zu bringen?*

Es kann aber auch eine **vorsichtige Vermutung** formuliert werden.
*Es **könnte** sein, dass er sich nicht freut, wenn die Schwiegereltern schon wieder kommen.*

Man kann jemandem **einen Rat geben.**
*Mit deinem Wohnungsproblem **würde** ich zum Mieterbund **gehen.***
*Du **solltest** mehr auf deine Figur **achten.***

Man kann etwas **vergleichen**
*Sie tat so, als ob sie nichts **wüsste.***

Man verwendet den Konjunktiv II in der **indirekten Rede**, wenn die Formen von Indikativ und Konjunktiv I gleich sind.
*Der Lehrer sagte, die Kinder **müssten** besser aufpassen.*

Die Bildung des Konjunktiv II

Bei der Bildung des Konjunktiv II muss man zwischen regelmäßigen und unregelmäßigen Verben unterscheiden.

Die Formenbildung bei regelmäßigen Verben:

*Für die Party **würde** der Sohn die Getränke **holen.***

Bildung: *würden* (Konjunktiv II von *werden*) + Infinitiv.
*ich **würde kochen**, ich **würde reden***

Diese Form sollten Sie aktiv beherrschen, denn sie wird häufig gebraucht.

Die Formenbildung bei unregelmäßigen Verben:
*Wir waren der Meinung, er **verlöre** den Prozess.*

Bildung: Präteritum des Verbs + -e Die Vokale *a, o, u* werden zu *ä, ö, ü.*
*ich kam   –   ich **käme***
*ich stoße – ich **stöße***

Besonders gebräuchlich sind die Formen des Konjunktivs II bei folgenden Verben:

– Hilfsverben
haben – ich hätte   *sein – ich wäre*
werden – ich wäre   *werden – ich würde*

–unregelmäßige Verben:
bleiben – ich bliebe   *kommen – ich käme*
lassen – ich ließe   *gehen – ich ginge*
wissen – ich wüsste

–Modalverben:
dürfte, könnte, müsste, sollte, wollte

–Bei allen anderen Verben verwendet man meist *würde + Infinitiv*
Wir würden zu Weihnachten in der Kirche singen.

	haben	sein	werden	bleiben	dürfen	sollen
ich	*hätte*	*wäre*	*würde*	*bliebe*	*dürfte*	*sollte*
du	*hättest*	*wärst*	*würdest*	*bliebest*	*dürftest*	*solltest*
er/sie/es	*hätte*	*wäre*	*würde*	*bliebe*	*dürfte*	*sollte*
wir	*hätten*	*wären*	*würden*	*blieben*	*dürften*	*sollten*
ihr	*hättet*	*wäret*	*würdet*	*bliebet*	*dürftet*	*solltet*
sie	*hätten*	*wären*	*würden*	*blieben*	*dürften*	*sollten*

Regionale Unterschiede gibt es bei **brauchen**.
Er würde ein neues Hemd brauchen.
Er bräuchte ein neues Hemd. (süddeutsch)

Zur besseren Übersicht sind in der Tabelle die typischen Verbendungen des Konjunktiv II der unregelmäßigen Verben noch einmal dargestellt.

ich	du	er/sie/es	wir	ihr	sie
-e	*-(e)st*	*-e*	*-en*	*-(e)t*	*-en*

Konjunktiv II Perfekt

Er wird mit dem **Konjunktiv II Präsens** von *haben* und *sein* und dem **Partizip II** des Verbs gebildet.
*Ich **wäre** glücklich **gewesen**, wenn er zu meinem Geburtstag **gekommen wäre**.*

6.11.5 Der Imperativ – *Geh dich waschen!*

Der Imperativ steht im Satz an erster Stelle. Ein Person (Name oder Personalpronomen) wird außer bei der höflichen Anrede nicht genannt. Als Satzzeichen wird das Ausrufungszeichen verwendet.
Den Imperativ braucht man, um

Sitz!	*Komm bitte her!*	*Hör doch mit dem Rauchen auf!*	*Komm gut nach Hause!*
(einen Befehl zu geben)	(eine Bitte oder **Aufforderung** auszusprechen)	(einen **Rat** zu geben)	(einen **Wunsch** auszudrücken)

 Der Unterschied zwischen Bitte, Aufforderung und Befehl liegt oft in der Intonation und dem Wörtchen ‚bitte‘.

Die Bildung des Imperativs

Es gibt drei Formen des Imperativs:

Person	Präsens Indikativ	Imperativ
2. Person Singular	*(du) mach(st)*	***Mach** bitte die Tür zu!*
2. Person Plural	*(ihr) lauft*	***Lauft** doch schneller!*
höfliche Anrede (Sie)	*Sie legen den Gurt an.*	***Legen** Sie den Gurt **an**!*

 Der Imperativ wird gebildet:
2. Person Singular wie 2. Person Präsens ohne **-st** und ohne **du**.
2. Person Plural wie 2. Person Plural ohne **ihr**.
Höfliche Anredeform wie 3. Person Plural.
Sie steht nach dem Verb.

Besondere Formen:

	du	ihr	Sie
haben	Hab doch Geduld!		
sein	Sei nicht so laut!	Seid doch nicht böse!	Seien Sie nicht so leichtsinnig!
werden	Werd(e) glücklich!		

Bei den unregelmäßigen Verben behält der Imperativ manchmal den Vokal des Infinitivs:

fahren – Fahr langsamer! (du fährst)
schlafen – Schlaf gut! (du schläfst)
laufen – Lauf zum Bäcker! (du läufst)

Der Imperativ bei Verben mit der Endung *–eln* und *–ern*

bügeln – Bügle nicht so heiß!
klingeln – Klingle nicht so lange! Oma schläft.
ändern – Ändere das bitte!

Der Imperativ bei Verben mit trennbarem Verbzusatz

abwaschen – Wasch jetzt bitte ab!
wegehen – Geh weg!

 Aufforderungen, Ratschläge usw. können auch mit anderen grammatischen Mitteln wie Infinitiven oder Modalverben ausgedrückt werden.

6.12 Das Passiv – *es wird getanzt*

Ein Geschehen kann aus zwei Perspektiven betrachtet werden.:

Das Aktiv: Das Passiv:

Ich gieße die Blumen.   *Die Blumen werden gegossen.*

Beim **Aktiv** steht die handelnde Person im Mittelpunkt, beim **Passiv** der Vorgang selbst. Da die Person nicht so wichtig ist, muss sie auch nicht genannt werden. Soll eine handelnde Person genannt werden, steht sie in Verbindung mit der Präposition *von*.
*Die Blumen werden **von** mir gegossen.*

Manchmal benutzt man auch die Präposition *durch.*
*Die Blumen sind **durch** die Hitze ganz vertrocknet.*

Anstelle eines Subjekts kann auch **es** an erster Stelle im Satz stehen.
→ Punkt 3.3
Es muss heute noch aufgeräumt werden.

Es gibt zwei Formen des Passiv:

das Vorgangspassiv

Der Ablauf
der Handlung ist wichtig.
Die Waschmaschine wird repariert.

Bildung: mit einer Personalform von *werden*

das Zustandspassiv

Der Zustand
nach der Handlung ist wichtig.
Die Waschmaschine ist repariert.

Bildung: mit einer Personalform von *sein*

Das Vorgangspassiv wird häufiger als das Zustandspassiv benutzt.

Das Passiv findet man vor allem in Sach- und Fachtexten. Man beschreibt mit dem Passiv, was mit einer Person oder Sache gemacht wird.

Die Bildung des Passiv

Die meisten transitiven Verben (mit einem Akkusativobjekt) können das Passiv bilden.
*Der Monteur repariert **die Waschmaschine**.*
*Die Waschmaschine **wird** vom Monteur **repariert**.*

Das Präsens

Es wird mit einer Personalform von ***werden* oder *sein* und dem Partizip II** gebildet.

Vorgangspassiv (*werden*)

*Der Müll **wird** jede Woche **abgeholt**.*
*Nach dem Essen **wird** das Baby **gewindelt**.*

Zustandspassiv (*sein*)

*Der Mülleimer **ist gesäubert**.*
*Jetzt **ist** es **gewindelt**.*

Das Präteritum

Es wird mit den Personalformen von ***werden* und *sein* im Präteritum und dem Partizip II** gebildet.

Das Vorgangspassiv *(wurd~)*

*Die Krankenschwester **wurde gerufen**.*
*Wir **wurden benachrichtigt**.*

Das Zustandspassiv *(war~)*

*Das Fieber **war gestiegen**.*
*Der Operationssaal **war** schon **vorbereitet**.*

Das Perfekt

Das <u>Vorgangspassiv</u> wird mit einer Personalform von *sein*, **dem Partizip II und *worden*** gebildet.

 Das Partizip Perfekt von *werden* ist im Passiv *worden*
(**nicht:** *geworden*)
*Der Fußballer **ist** für die Nationalmannschaft **ausgesucht worden.***

Das <u>Zustandspassiv</u> wird mit einer Personalform von *sein*, **dem Partizip II und *gewesen*** gebildet. Es wird aber nicht häufig verwendet.

Das Plusquamperfekt

Das <u>Vorgangspassiv</u> wird mit einer Personalform im **Präteritum von** *sein*, **dem Partizip II und *worden*** gebildet.
*Der Torwart **war** mehrmals vom Ball **getroffen worden.***
*Wir **waren** von dem Besuch **überrascht worden.***

Das <u>Zustandspassiv</u> wird mit einer Personalform von *sein* **im Präteritum, dem Partizip II und *gewesen*** gebildet. Es wird aber kaum benutzt.
*Der Supermarkt **war geöffnet gewesen.***

Das Futur I

Das <u>Vorgangspassiv</u> wird mit einer Personalform von *werden*, **dem Partizip II und dem Infinitiv von *werden*** gebildet.
*Wir **werden** für die Generalprobe **angekleidet werden.***

Das <u>Zustandspassiv</u> wird mit einer Personalform von *werden*, **dem Partizip II und *sein*** gebildet.
*Die Haustür **wird geschlossen sein.***

Das Futur II

Das <u>Vorgangspassiv</u> wird mit einer Personalform von *werden*, **dem Partizip II und *worden sein*** gebildet.
*Die Haustür **wird geöffnet worden sein.***

Das <u>Zustandspassiv</u> wird mit einer Personalform von *werden*, **dem Partizip II und *gewesen sein*** gebildet.
*Die Haustür **wird geschlossen gewesen sein.***

Das Passiv des Konjunktiv I

Präsens: Es wird mit dem **Konjunktiv I von** *werden* **und dem Partizip II** gebildet.
Die Verkäuferin sagte, der Computer **werde gebracht.**

Perfekt: Es wird mit dem **Konjunktiv I von sein, dem Partizip II und worden** gebildet.
Die Verkäuferin sagte, der Computer **sei gebracht worden.**

Das Passiv des Konjunktiv II

Präsens: Es wird mit dem **Konjunktiv II von** *werden* (würd~) **und dem Partizip II** gebildet.
Der Computer **würde gebracht,** *wenn genug Personal da wäre.*

Perfekt: Es wird mit dem **Konjunktiv II von** *sein (wär~),* **dem Partizip II und** *worden* gebildet.
Der Computer **wäre gebracht worden,** *wenn ...*

Das Passiv bei Modalverben

Es wird mit einer **Personalform des Modalverbs** gebildet, dem **Partizip II und dem Infinitiv von** *werden.*
Das Kind **muss** *von seinem Mathelehrer mehr* **gefördert werden.**

 Mit *man* erzielt man ebenfalls eine passivähnliche Bedeutung des Satzes.
Bei *man* ist es nicht wichtig, um wen es sich handelt.
Man kann die Tatsache leider nicht ändern.
Passiv: *Die Tatsache kann leider nicht geändert werden.*
Man hat ihm geschrieben, dass er Steuern bezahlen muss.
Passiv: *Ihm wurde geschrieben, dass er Steuern bezahlen muss.*

Adjektive mit *-bar* können von Verben abgeleitet werden, die das Passiv bilden. Diese Adjektive haben die Bedeutung von: Das kann man machen.
Die Schrift ist kaum lesbar.
Der Käse ist zwar schon alt, aber noch essbar.

7 Die Wortbildung – *kaufen, einkaufen, das Kaufhaus*

Eine Sprache ist etwas Lebendes, etwas, das sich ständig verändert. Unbrauchbar gewordene Wörter verschwinden aus dem Sprachschatz und neue Wörter kommen dafür hinzu.

Grundlage der Wortbildung ist meist ein bekanntes Wort, das verändert oder einfach mit einem anderen kombiniert wird. So entstehen ständig neue Wörter.

Verschiedene Wortarten können in einer Wortfamilie zusammenkommen, deren Grundlage ein und dasselbe Wort ist.

Verben		Substantive
arbeiten *verarbeiten* *erarbeiten*	Die Grundlage der Wortbildung bildet der Wortstamm *arbeit-*	*der Arbeitnehmer* *die Verarbeitung* *die Arbeitserlaubnis* *das Arbeitsamt* *die Heimarbeit* *die Mitarbeit*
Adjektive		
arbeitsam *arbeitsreich*		

 Wer das Basiswort einer Wortfamilie versteht, kann sich die Bedeutung der anderen Wörter leicht erschließen und so auf einfache Weise seinen Wortschatz schnell erweitern.

Es gibt zwei Möglichkeiten der Wortbildung:
– die Ableitung: *verkaufen, einkaufen, käuflich, kaufbar*
– die Zusammensetzung: *der Kaufmann, der Kaufrausch, kaufmännisch*

7.1 Die Ableitungen – *anhängen*

Ableitungen werden gebildet aus dem Wortstamm und
– einem Präfix: *verreisen* (*ver~* kann nicht alleine stehen)
– einem Verbzusatz: *abreisen* (*ab* kann alleine stehen)
   ⏩ Kapitel 7.1.2
– einem Suffix: *reisend* (*-end* kann nicht alleine stehen)

Durch Ableitungen können die Wortarten wechseln:
   ziehen – der Zug
Der Stammvokal kann dabei wechseln (*ie – u*)
... oder es kommt zu einem Wechsel zwischen Vokal und Umlaut:
   hoch – die Höhe
   laufen – der Läufer

7.1.1 Die Ableitungen mit Präfixen – *bearbeiten*

Präfixe sind untrennbare Vorsilben, die nicht alleine stehen können.
⫸ Kapitel 6.1.5
Sie geben dem Wort aber eine ganz bestimmte Bedeutung.

Verben und ihre Präfixe – *verblühen*

Das Präfix steht vor dem Verb

Präfix	mögliche Bedeutung	Verb-Beispiel
be-	ein zielgerichtetes Tun	*Die Schnitte wird mit Wurst **belegt**.* *Der Bildhauer **bearbeitet** den Stein.*
er-	Ergebnis einer Tätigkeit	*Die Blume **erblüht**.* *Er hat sich den Reichtum schwer **erarbeitet**.*
ent-	hat vor allem die Bedeutung von weg~ ab~ aus~ zum Anfang zurück	*Der Hund ist **entlaufen**.* *Er **entlockte** mir das Geheimnis.* *Er **entkleidet** sich im Bad.* *Das Schiff wird **entladen**.*
miss-	etwas ist falsch, nicht richtig, nicht gut	*Der Kuchen ist **missglückt**.* *Er hat sein Amt als Politiker **missbraucht**.*
ver-	weg, woandershin vollständig verkehrt zu sehr	*Der Chef ist heute **verreist**.* *Ich habe meine Möbel **verkauft**.* *Ich habe mich **verlaufen**.* *Ich habe die Suppe **versalzen**.*
zer-	kaputt, klein machen auseinander	*Ich **zerkaue** die Nuss.* *Sie **zerschneidet** den Stoff in viele Stücke.*

Die Präfixe *miss-* und *un-*

Das Präfix steht vor dem Substantiv oder Adjektiv.

Präfix	Bedeutung	Beispiele
Miss-	nicht richtig, nicht gut	*Misstrauen, misstrauisch, Missverständnis, missverständlich*
Un-	Gegensatz, negativ	*Unglück, unglücklich Unruhe, unruhig*

7.1.2 Die Ableitungen mit Verbzusätzen – *hinlaufen*

Verbzusätze sind trennbare Präfixe, die vor Verben stehen. Das heißt, sie können auch allein stehen. ▓▶ Kapitel 6.1.5
Ursprünglich waren sie meist Präpositionen (*aus*-tragen, *über*-laufen) oder Adverbien (*hinauf*-tragen, *hin*-laufen). ▓▶ Kapitel 8.2

Verbzusätze stehen **nur** zusammen
– im Infinitiv: *abfahren*
– oder am Ende eines Nebensatzes:
  *Ich brachte dich zum Bahnhof und wartete, bis der Zug **abfuhr**.*
▓▶ Kapitel 9.4 (aber: *Der Zug **fuhr** vor 5 Minuten **ab**.*)

Die Verbzusätze (trennbare Präfixe)

Verbzusatz	mögliche Bedeutung	Verb-Beispiel
ab-	von etwas weg	*abfahren, abreisen*
an-	sich nähern etwas dazu tun	*anfreunden* *ankleben*
auf-	etwas öffnen die Richtung einer Bewegung (aufsteigend)	*aufschlagen* *aufladen* *aufrichten, aufstehen*
aus-	heraus etwas oder sich entfernen	*ausladen* *ausradieren, ausreisen*
bei-	etwas dazu tun	*beilegen, beitragen*
ein-	nach innen	*einsteigen, einpacken*
her(aus)-	von innen nach außen	*herauskommen*
hin-	zu einem Ziel	*hinfahren*
hinein	von außen nach innen	*hineinfahren*
los-	etwas trennen mit etwas beginnen	*loslassen* *losfahren*
mit-	etwas gemeinsam tun	*mitkommen*
vor-	Richtung: nach vorn etwas im Voraus tun anderen etwas zeigen	*vorfahren* *vorfeiern, vorbestellen* *vorführen*
weg-	etwas ist nicht mehr da	*wegnehmen*
zu-	etwas schließen etwas tun, das zielgerichtet ist	*zudecken, zudrehen* *zusenden* *zuwerfen*
zurück-	die Richtung ändern	*zurückkommen*

Am besten ist, Sie lernen die Bedeutungen der einzelnen Verbzusätze immer gleich mit dem Verb zusammen.

7.1.3 Die Ableitungen mit Suffixen – *ruhig*

Suffixe sind unselbstständige Nachsilben, die nicht allein stehen können. Es gibt Suffixe, die bei der Deklination der Substantive und Konjugation der Verben eine Rolle spielen. ▶ Kapitel 2.3.1 und 6.8 In diesem Abschnitt soll nur die Rede von den Wortbildungssuffixen sein. Sie werden besonders bei der Wortbildung der Substantive benutzt.

Substantive und ihre Suffixe – *die Erkältung*

Suffixe bestimmen das Genus und die Bedeutung des Substantivs.

– maskulin: *der Verkäufer*   – feminin: *die Verkäuferin*
Sie sind ausführlich im Kapitel 2 dargestellt. ▶ Kapitel 2.1

Substantive können von verschiedenen Wortarten abgeleitet werden.

Ableitung von:	Beispiel
einem Verb	*reiben – Reibung*
einem Substantiv	*der Lehrer – die Lehrerschaft*
einem Adjektiv	*frei – die Freiheit*

Suffixe können sich regional voneinander unterscheiden:

mein Häuschen
mein Häuserl (bayrisch)
mein Häusle (schwäbisch)
mein Häusli (Schweiz)

Ebenso können aus dem Infinitiv eines Verbs Substantive gebildet werden:

rechnen   –   des Rechnen
springen   –   das Springen
essen   –   das Essen

... oder aus dem Verbstamm:

schlagen   –   der Schlag
räumen   –   der Raum
▶ Vokalwechsel 6.8.2

101

Adjektive und ihre Suffixe – *gefährlich*

Adjektive können von verschieden Wortarten abgeleitet werden.

Die Ableitung vom Substantiv

Das Substantiv erhält am Ende des Wortes ein Suffix.

Substantiv	Suffix	mögliche Bedeutung	Adjektiv-Beispiel
der Traum *der Zwang*	*-haft*	bezieht sich auf bestimmte Merkmale	*ein **traumhafter** Strand* *ein **zwanghaftes** Verhalten*
die Arbeit *das Gefühl*	*-los*	ohne	***arbeitslose** Jugendliche* *ein **gefühlloser** Mensch*
die Sonne *der Ehrgeiz*	*- ig*	eine bestimmte Art	*ein **sonniger** Tag* *ein **ehrgeiziger** Mensch*
Polen *Preußen* *die Laune*	*-isch*	Herkunft Zugehörigkeit	*ein **polnischer** Maler* *die **preußische** Armee* *das **launische** Kind*
die Demokratie *die Solidarität*	*-isch*	Fremdwörter (etwas betreffen)	***demokratische** Rechte* ***solidarisch** sein*
die Jugend *die Freundschaft*	*-lich*	eine Eigenschaft die Art und Weise	***jugendlich** aussehen* *eine **freundschaftliche** Beziehung*

Die Ableitung vom Verb

Der Verbstamm erhält ein Suffix.

Verb	Suffix	mögliche Bedeutung	Adjektiv-Beispiel
machen	*-bar*	man kann etwas machen	*Das ist **machbar**.*
sparen	*-sam*	wie jemand/etwas ist	*ein **sparsamer** Mensch*
leben	*-haft*	bezieht sich auf bestimmte Merkmale	*ein **lebhaftes** Kind*
wackeln	*-ig*	Art, Zustand	*ein **wackliger** Stuhl*
kämpfen	*-(er)isch*	Art und Weise von jemand/etwas	*eine **kämpferische** Haltung*
ärgern	*-lich*	Art und Weise von etwas/jemand	*eine **ärgerliche** Geschichte*

	Bedeutung	Beispiele
-arm	wenig	*das Wasser – wasserarm*
-frei	ohne	*die Hitze – hitzefrei*
-leer	ohne	*das Blut – blutleer*
-los	ohne	*das Ziel – ziellos*
-reich	viel	*die Kinder – kinderreich*
-voll	viel	*der Rand – randvoll*
-fest	etwas hält stand	*der Regen – regenfest*
-wert	etwas ist gut	*sehen – sehenswert*

7.2 Die Zusammensetzungen (Komposita) – *der Kindergarten*

Folgende Wortarten können Zusammensetzungen bilden:
– das Verb: *zusammenschreiben*
– das Substantiv: *die Waschmaschine*
– das Adjektiv: *hellblau*

Das letzte Wort bestimmt die Wortart des Kompositums:
über (Präposition) + **holen** (Verb) = **überholen** (Verb)
… bei Substantiven das Genus:
der Bügel + **das Brett** = **das Bügelbrett**
… sowie den Kasus:
*Ich bin mit **dem** Bügeleisen zufrieden.*

Das erste Wort erklärt das zweite Wort näher:
*Das **Bügelbrett** ist ein Brett **zum Bügeln**.*

Die Wörter werden einfach zusammengesetzt: *die Weinflasche*
… oder durch eine Fuge verbunden: *die Lebensmittel*

Bei einem Kompositum ist es oft nicht möglich, von der Ursprungsbedeutung auszugehen. Das heißt, dass sich eine völlig neue Bedeutung ergeben kann.
Das Kinderzimmer ist das Zimmer der Kinder.
Der Kindergarten ist nicht ein Garten für Kinder, sondern eine Institution für Kinder, bevor sie in die Schule gehen.

7.2.1　Was kann zusammengesetzt werden?

Das zusammengesetzte Substantiv

Substantiv und Substantiv – *die Leinenhose*

die Kinder　+　das Zimmer　=　das Kinderzimmer
das Dorf　　+　der Spielplatz　=　der Dorfspielplatz

Der Sonderfall – die Fugen – *die Hundehütte*

Substantiv + **e** + Substantiv:
bei Substantiven, deren Plural mit -*e* gebildet wird.
　der Hund (die Hunde)　+　die Hütte　　=　die Hund**e**hütte

Substantiv + **er** + Substantiv:
bei maskulinen und neutralen Substantiven, die im Plural auf
-*er* enden
　das Kind (die Kinder)　+　der Tag　　=　der Kind**er**tag

Substantiv + **n** + Substantiv:
nach femininen Substantiven mit der Pluralendung -*en*
　die Birne (die Birnen)　+　das Kompott　=　das Birne**n**kompott

Substantiv + **s** + Substantiv:
immer nach Suffixen (Nachsilben) wie -*heit, -keit, -ung*
　die Gesundheit　+　s　+　der Minister　=　der Gesundheit**s**minister

nach Infinitiven von Verben
　schlafen　　　　+　s　+　die Zeit　　=　die Schlafen**s**zeit

nach einigen Substantiven mit -s im Genitiv
　der Säugling　　+　s　+　der Brei　　=　der Säugling**s**brei

Adjektiv und Substantiv – *die Schnellstraße*

Das Adjektiv steht in der Grundform vor dem Adjektiv.

schnell　+　Straße　　=　die Schnellstraße
groß　　+　die Eltern　=　die Großeltern
höchst　+　der Lohn　=　der Höchstlohn　(Komparation von hoch)

Verb + Substantiv – *das Kochbuch*

Der Verbstamm steht vor dem Substantiv.
kochen　　+　das Buch　　=　das Kochbuch
waschen　+　die Maschine　=　die Waschmaschine
braten　　+　der Fisch　　=　der Bratfisch

Verb + **e** + Substantiv:

nach vielen Verben mit der Stammendung *b, d, g, t*

lieg(en) + *der Wagen* = *der Liegewagen*
bind(en) + *das Glied* = *das Bindeglied*

Präposition + Substantiv – *die Vorgeschichte*

Die Präposition wird vor das Substantiv gesetzt.

vor + *die Geschichte* = *die Vorgeschichte*
über + *der Topf* = *der Übertopf* (ein Schmucktopf über
dem Blumentopf)

Das zusammengesetzte Adjektiv – *himmelblau*

Substantiv und Adjektiv

Die so gebildeten Adjektive können noch genauer ein Substantiv be-
schreiben.

Das Substantiv steht vor dem Adjektiv.

der Bär + *stark* = *bärenstark*   *ein bärenstarker Typ*
die Luft + *leer* = *luftleer*   *ein luftleerer Raum*
das Haus + *hoch* = *haushoch*   *Die Fußballer haben haushoch verloren*

Im Deutschen spielen Komposita eine große Rolle. Ihre An-
wendung vereinfacht den Satzbau.
Hier ist das Tagebuch des Schülers.
Hier ist das Schülertagebuch.
Das ist ein Bonbon gegen Husten.
Das ist ein Hustenbonbon.

8 Unflektierbare Wörter – Sie stand *gestern neben* mir *und* rief: *Hallo!*

Folgende Wortarten verändern sich nicht:
die Konjunktionen: *und, oder, aber, weil, wenn, ob*
die Präpositionen: *mit, nach, bei, von, zu, aus*
die Adverbien: *dort, da, hierher, gestern, heute*
die Partikel: *ja, aber, doch, denn*
die Interjektionen: *aua, hallo, oh*

8.1 Die Konjunktion – *aber, oder, und*

Konjunktionen nennt man auch Bindewörter, weil sie Wörter, Wortgruppen oder Sätze miteinander verbinden.

– Wörter:
  und: *Er kam mit vielen Koffern, Tüten und Taschen*
  oder: *Möchtest du Bier oder Wein?*
– Wortgruppen:
  sowie: *Bettina hat ihn sowie seinen alten Vater zum Bahnhof gebracht.*
– Hauptsätze:
  aber: *Normalerweise fahren wir mit dem Fahrrad zur Arbeit, aber im Winter nehmen wir den Bus.* ⟶ Kapitel 9.2.1
– Haupt- und Nebensätze:
  weil: *Wir nehmen im Winter den Bus, weil es zum Laufen zu kalt ist.* ⟶ Kapitel 9.4

Es gibt neben- und unterordnende Konjunktionen.

8.1.1 Nebenordnende Konjunktionen – *ich und du*

Das sind Konjunktionen, die gleichwertige Wörter, Wortgruppen oder Sätze miteinander verbinden.

Konjunktionen, die Wörter und Wortgruppen miteinander verbinden

kopulativ (ordnet gleichberechtigt nebeneinander)	
und	*Dirk kauft gerade Brot **und** Butter.*
sowie	*Der Saunabesuch hat dem Kind **sowie** der ganzen Familie gut getan.*
sowohl – als auch	*Sie mag **sowohl** Milch **als auch** Kakao.*
weder – noch	*Susanne hat **weder** einen Badeanzug **noch** einen Bikini.*

adversativ (drückt einen Gegensatz aus)	
nicht – sondern	*Er will **nicht** Fußball spielen, **sondern** nur zusehen.*
zwar – aber	*Er mag **zwar** Wein, **aber** heute nicht.*

disjunktiv (drückt eine Alternative aus)	
(entweder) – oder	*Wir können **(entweder)** zu dir **oder** zu mir gehen.*

Konjunktionen, die Hauptsätze verbinden

Werden zwei Hauptsätze miteinander verbunden, verändert sich die Stellung der Wörter in beiden Sätzen nicht. Sie stehen gleichberechtigt nebeneinander.

Hauptsatz I	Hauptsatz II
Heute kommen unsere Freunde.	*Wir wollen zusammen ins Kino gehen.*
Verbindung mit der Konjunktion	
*Heute kommen unsere Freunde **und** wir wollen zusammen ins Kino gehen.*	

▥▶ Kapitel 9.2.1

adversativ (drückt einen Gegensatz aus)	
(zwar) – aber	*Ich habe ihn (zwar) gesehen, **aber** das ist lange her.*
doch	*Wir haben die ganze Zeit überlegt, **doch** uns ist nichts eingefallen.*
jedoch	*Thomas hat den ganzen Vormittag telefoniert, **jedoch** es war niemand zu erreichen.*

kausal (gibt einen Grund an)	
denn	*Wir fahren nicht mit dem Auto, **denn** die Straßen sind zu glatt.*

disjunktiv (gibt eine Alternative an)	
oder	*Wir können in den Ferien wegfahren **oder** wir machen es uns zu Hause gemütlich.*
entweder – oder	***Entweder** wir fahren weg **oder** (wir) bleiben zu Hause.*
nicht – sondern	*Wir fahren **nicht** weg, **sondern** (wir) bleiben zu Hause.*

kopulativ (ordnet gleichberechtigt nebeneinander)
und   *Ich habe gestern erst gesaugt **und** heute ist es schon wieder schmutzig.*

Ist das Subjekt im ersten und zweiten Satz gleich, kann man es im zweiten Satz weglassen.
Wir fahren nicht weg, sondern bleiben zu Hause.

Die Stellung der Satzglieder bei nebenordnenden Konjunktionen

Das Verb hat die typische Hauptsatzstellung (2. Position) in beiden Sätzen. ▌▌▌➤ Kapitel 9.2.1

*Ich **habe** gestern **gebacken**   **und**   der Kuchen **ist** bereits **aufgegessen.***

8.1.2   Unterordnende Konjunktionen

Dies sind Konjunktionen, die einen Nebensatz einleiten.
▌▌▌➤ Kapitel 9.4.1
*Ich mag keinen Rhabarber, **weil er so sauer ist.***

Konjunktionen, die Haupt- und Nebensätze verbinden

1. Hauptsatz	2. Hauptsatz
Jeff trägt einen Regenmantel.	*Es regnet heute.*

Diese beiden Hauptsätze kann man durch eine Konjunktion verbinden:

Hauptsatz	Konjunktion	Nebensatz
Jeff trägt einen Regenmantel,	*weil*	*es heute regnet.*

Aus dem zweiten Hauptsatz ist durch die Konjunktion ein Nebensatz geworden, der sich dem Hauptsatz unterordnet.▌▌▌➤ Kapitel 9.4.1
Vor der Konjunktion steht ein Komma.

Die Stellung der Satzglieder bei unterordnenden Konjunktionen

Hauptsatz		Nebensatz
Jeff trägt einen Regenmantel,	*weil*	*es heute regnet.*
Das Verb hat die 2. Position.		Das Verb steht am Satzende.

... bei zusammengesetzten Zeitformen

Hauptsatz		Nebensatz
Ramona trägt einen nassen Mantel,	*weil*	*es heute geregnet hat.*
		Hilfsverb am Satzende – direkt davor das Vollverb

Die unterordnenden Konjunktionen

temporal (drückt Zeitverhältnisse aus)	
als	*Er ging gerade über die Straße, als er das Motorrad sah.*
bevor	*Wir räumten auf, bevor unsere Eltern nach Hause kamen.*
bis	*Wir standen so lange an der Haltestelle, bis der Bus kam.*
ehe	*Ich will meine Arbeit fertig haben, ehe ich nach Hause gehe.*
nachdem	*Wir haben uns getroffen, nachdem wir aus dem Urlaub zurückkamen.*
seit(dem)	*Ich habe ihn nicht gesehen, seit ich weggezogen bin.*
sobald	*Sobald der Frühling kommt, geht es mir wieder gut.*
solange	*Solange es so regnet, bleiben wir drin.*

kausal (gibt einen Grund an)	
da	*Er kann nicht mitkommen, da er noch arbeiten muss.*
weil	*Ich bin ins Bett gegangen, weil ich müde war.*

final (gibt einen Zweck oder eine Absicht an)	
damit	*Ihr müsst jetzt losgehen, damit ihr den Bus nicht verpasst.*
dass	*Ich beeile mich, dass ich pünktlich bei dir bin.*

 Dass leitet als Inhaltskonjunktion eine Aussage ein:
Ich wusste gleich, dass ihr heute zu spät kommt.

konditional (gibt eine Bedingung an)	
falls	*Nimm vorsichtshalber die Badesachen mit, falls du noch schwimmen willst.*
wenn	*Ich mache mir einen Kaffee, wenn ich müde bin.*
ob	*Er weiß nicht, ob morgen Training ist.*

konzessiv (schränkt etwas ein)	
obwohl *obgleich*	*Sie ist nicht gekommen, obwohl ich ihr Bescheid gesagt habe.*

adversativ (beschreibt eine (zeitliche) Gegenüberstellung)	
während	*Der Busfahrer schlief, während die Touristen im Museum waren.*

konsekutiv (beschreibt eine Folge)	
so dass *so...dass*	*Die Sonne blendete mich, sodass ich meine Sonnenbrille aufsetzte.* *Er schlief so lange, dass er zu spät kam.*

modal (vergleicht)	
als	*Du bist schlauer, als ich dachte.*
als ob	*Er ging so schnell, als ob er keine Zeit hätte.*
wie	*Ich weiß noch nicht, wie ich nach Paris komme.*

Als **Satzteilkonjunktion** werden **als** und **(so) wie** gebraucht, wenn bei der Wortgruppe kein Verb steht.
bei Vergleichen: *Er ist beim Essen genauso langsam wie du.*
Er ist größer als ich.
und bei Tatsachen: *Sie arbeitet in einer Konditorei als Kellnerin.*

Bis, seit und **während** können auch als Präposition stehen. ▶ Punkt 8.2
Wir können doch noch bis morgen warten.
Ich habe sie seit gestern nicht gesehen.
Er hat schon während des Abendbrots geschlafen.

Es gibt Adverbien, die als Konjunktion auftreten können.
darum, außerdem, trotzdem, dagegen, sonst, so ...

Sie fordern im Satz eine bestimmte Stellung:

	Hauptsatz	Hauptsatz
Konjunktion	*Ich mache Abendbrot,*	*denn ich habe Hunger.*
Adverb	*Ich habe Hunger,*	*darum mache ich Abendbrot.*

auch möglich: *Ich habe Hunger. Darum esse ich jetzt Abendbrot.*

 Die Position der Hauptsätze hat gewechselt und das Verb steht direkt hinter dem Adverb. ▥➤ 8.3

8.2 Die Präpositionen – *auf der Straße*

Die Präposition nimmt die Position vor einem Wort oder einer Wortgruppe ein.
– vor einem Substantiv. *Die Kugel ist aus Glas.*
– vor einer Substantivgruppe: *Die Kugel ist aus buntem Glas.*
– vor einem Pronomen: *Ich spiele mit ihr.*

In einigen Fällen kann die Präposition vor oder nach der Wortgruppe stehen. Dann ist ein Kasuswechsel möglich.

vor dem Bezugswort	nach dem Bezugswort
Die Menschen standen entlang der Straße.	*Er ging die Straße entlang.*
Wegen der langen Wartezeit sind wir eine andere Autobahn gefahren.	*Der langen Wartezeit wegen sind wir eine andere Autobahn gefahren.*

Die Präposition legt den Kasus für die Wortgruppe fest.
Ich sitze auf der Bank. (Dativ)
Ich gehe in die Stadt. (Akkusativ)
Ich gehe wegen des Regens in das Haus. (Genitiv)

Präposition und Wortgruppe stehen in Beziehung zu anderen Wörtern:

Wortart	Beispiel	Präposition + Wortgruppe
Substantiv	*der Vogel*	*auf dem Dach*
Verb	*spielen*	*mit Bausteinen*
Adjektiv	*glücklich*	*über den Sieg*

Man kann die Präpositionen auf Grund ihrer Bedeutung in Gruppen einteilen. Eine Präposition kann jedoch mehrere Bedeutungen haben.

Präposition	Fragewort	Beispiel
lokal	Wo?	*an* der Wand
direktional	Wohin? Woher?	*in* das Konzert *aus* dem Mittelmeer
temporal	Wann?	*vor* dem Mittag
modal	Wie? Womit? Mit wem?	*mit* viel Lärm *mit* dem Bus *mit* den Kindern
kausal	Warum? Woraus? Durch wen? Wodurch?	*wegen* der Großeltern *aus* Holz *durch* die Ärztin *durch* den Unfall
final	Mit welchem Ziel? Zu welchem Zweck?	*für* mich *für* die gute Laune

8.2.1 Präpositionen mit Akkusativ – *für die Umwelt*

lokal	Beispiel im Akkusativ
bis (ohne Artikel)	Dieser Zug fährt **bis** Hamburg Altona.
durch	Ich gehe **durch** den Park. Er fährt im Sommer **durch** Deutschland.
gegen	Das Auto ist **gegen** die Mauer gefahren. Der Vogel ist **gegen** das Fenster geflogen.
um *um herum*	Die Katze ist **um** das Haus geschlichen. Alle sitzen gespannt **um** den Tisch **herum**.
entlang	Das Liebespaar geht am Fluss **entlang**. Wir fahren die Allee **entlang**.

temporal	Beispiel im Akkusativ
gegen	Tom erwartet Tim **gegen** sieben Uhr. **Gegen** acht Uhr wollen wir essen.
um	Wir sehen uns **um** drei. **Um** 8.30 Uhr macht der Laden auf.
bis	Er hat **bis** elf Uhr geschlafen. Sie bleibt **bis** kommenden Sonntag.
für	Unser Au-pair-Mädchen bleibt **für** ein Jahr.

kausal	Beispiel im Akkusativ
durch	Er ist sehr verunsichert **durch** die Kündigung. **Durch** ihn habe ich dich kennen gelernt.

final		Beispiel im Akkusativ
für		Sie demonstrieren **für** den Frieden. Hier ist ein E-Mail **für** dich gekommen.
gegen		Sie sind **gegen** Gewalt.

modal		Beispiel im Akkusativ
ohne		Er wollte heute **ohne** Strümpfe losgehen. Das Menue bitte **ohne** die Vorspeise!

Immer mit Akkusativ:
bis, durch, entlang, für, gegen, ohne, um

8.2.2 Präpositionen mit Dativ – *über den Wolken*

lokal		Beispiel im Dativ
ab		*Ab dem Allgäu wurde das Wetter schön.*
bei		*Meine Großmutter wohnt **bei** uns.* *Du sollst dich nachher **beim** Chef melden.*
gegenüber		*Gegenüber dem Kaufhaus ist ein Eisladen.* *Plötzlich standest du mir **gegenüber**.*

direktional		Beispiel im Dativ
aus		Sie kommt gerade **aus** dem Urlaub. Sie nimmt Geld **aus** der Kasse.
nach		Marie fährt **nach** Italien und Svenja **nach** Österreich.
von		Die Muscheln sind **vom** Strand. Er kommt müde **von** der Arbeit.
zu		Wir fahren **zu** Oma und Opa. Ich muss **zum** Zahnarzt gehen.

temporal	Beispiel im Dativ
ab (Beginn)	**Ab** *Dienstag scheint die Sonne wieder.* *Sie geht **ab** nächstes Semester auf die Uni.*
an	**An** *den Vormittagen arbeitet sie immer.* **Am** *Wochenende habe ich wieder mehr Zeit.*
bei	*Du sollst **beim** Essen nicht reden.*
bis zum	*Sie wartet **bis zum** Mittag.*
nach	**Nach** *der Schule bin ich immer müde.*
in *in* (Zukunft)	**In** *der Pause rauche ich eine Zigarette.* **In** *zwei Wochen habe ich Geburtstag.* **Im** *April habe ich wieder mehr Zeit.*
seit (Ver- gangenheit bis jetzt)	**Seit** *einem Monat ist er kaum zu Hause.* *Sie liebt ihn **seit** ihrer Jugend.*
von ... bis	*Ich arbeite **von** acht **bis** dreizehn Uhr.* *Er war **vom** ersten bis **zum** letzten Tag fleißig.*
vor	*Er geht **vor der** Arbeit joggen.*
vor (Ver- gangenheit)	**Vor** *einem Jahr war ich verliebt.*
zu	**Zu** *Weihnachten essen wir immer Gans.*
zwischen	**Zwischen** *8 Uhr und 9 Uhr habe ich keine Zeit.*

kausal	Beispiel im Dativ
aus	*Er lief **aus** Angst davon.*
vor	*Du kannst **vor** Sehnsucht nicht mehr schlafen.*
wegen	**Wegen** *der Grippewelle lassen wir uns impfen.*

final	Beispiel im Dativ
zu	*Ich gratuliere dir **zum** Geburtstag.*

modal	Beispiel im Dativ
mit *in* *nach*	**Mit** *meinem Motorrad bin ich schnell.* **In** *der großen Eile habe ich etwas vergessen.* *Wenn es **nach** mir geht, fahren wir jetzt los.*

Immer mit Dativ:
ab, aus, außer, bei, gegenüber, mit, nach, seit, von, zu

8.2.3 Präpositionen mit Akkusativ und Dativ
– an die Wand, an der Wand

Es gibt Präpositionen, die mit dem Akkusativ und dem Dativ auftreten können.

an	auf	hinter
in	neben	über
unter	vor	zwischen

Wenn man eine **Richtung** angibt, benutzt man die Präposition und den **Akkusativ**:

*Ich stelle den Tisch **an die Wand**.*
*Ich lege das Messer **auf den Tisch**.*
*Er legt das Buch **neben sich**.*
*Sie geht **vor die Tür**.*

Richtung

Wenn man einen **Standort** angibt, benutzt man die Präposition und den **Dativ**:

*Der Tisch steht **an der Wand**.*
*Das Messer liegt **auf dem Tisch**.*
*Das Buch liegt **neben mir**.*
*Sie steht **vor der Tür**.*

Standort

Präp.	Beispiel + Akkusativ	Beispiel + Dativ
an	*Die Kinder wollen **an** den Strand.* *Sie ruderten **an** das Ufer.*	***An** meiner Jacke sind Knöpfe.* *Der Spiegel hängt **an** der Wand.*
auf	*Er fährt **auf** die Insel.* *Sie geht **aufs** Gymnasium.*	***Auf** dem Berg steht ein kleines Haus.* *Die Kinder spielen **auf** der Straße.*
hinter	*Er rennt **hinter** den Busch.* *Sie läuft **hinters** Haus.*	*Er lauscht **hinter** der Tür.* ***Hinter** der Kurve sieht man das Meer.*
in (ohne Artikel)		***In** Berlin ist immer viel los.* ***In** Griechenland ist es oft sehr heiß.*
in	*Wir fahren wieder **in** die Türkei.* *Ich lege das Buch **in** das Regal.*	*Sie fährt **in** der Schweiz Ski.* ***Im** Haus ist es warm und gemütlich.*
neben	*Ich lege mich **neben** dich.* *Er setzt sich **neben** mich.*	***Neben** der Kirche ist der Friedhof.* *Ich möchte **neben** dir sitzen.*
über	*Jan fliegt **über** Paris.* *Die Wolken ziehen **über** das Land.*	***Über** dem Tisch hängt eine Lampe.* *Die Wolken sammeln sich **über** dem Atlantik.*
unter	*Der Hund legt sich **unter** den Tisch.*	***Unter** der Brücke fließt ein Fluss.* *Der Hund liegt **unter** dem Tisch.*
vor	*Er legt das Päckchen **vor** die Tür.* *Stell die Schuhe **vor** die Tür.*	***Vor** dem Haus steht ein alter Baum.* *Ich warte **vor** dem Eingang auf dich.*
zwi-schen	*Leg dich doch **zwischen** uns.* *Er stellt sich **zwischen** uns.*	*Das Kind schläft **zwischen** seinen Eltern.* ***Zwischen** den Gärten ist ein Zaun.*

Schauen Sie sich das Verb genau an. Ist eine Orts-ergänzung gefragt (Wo?), dann nehmen Sie den Dativ. Wird nach der Richtungsergänzung (Wohin?) gefragt, nehmen Sie den Akkusativ.

Die Präposition und der folgende Artikel können sich mit-einander verbinden. *Sie gehen **ins** Konzert.* ⏭️ Punkt 1.2

8.2.4 Präpositionen mit Genitiv – *wegen der Lehrerin*

temporal	
während	*Während des ganzen Winters lag Schnee.*

modal	
statt	*Ich nehme lieber Gemüse statt des Fleisches.*

kausal	
wegen	*Wir sind wegen des Sturms abgefahren.*
trotz	*Er war trotz des Staus pünktlich da.*

In der Umgangssprache bevorzugt man oft den Dativ.

Während des Konzerts ...   Während dem Konzert ...
Wegen des Sturms ...   Wegen dem Sturm ...
Trotz des Staus ...   Trotz dem Stau ...

8.2.5 Verben mit festen Präpositionen – *denken an*

Es gibt viele Verben, die mit Präpositionen auftreten und dadurch ihre Bedeutung ändern. Sie stehen mit dem Akkusativ oder Dativ.
denken   denken an + Akkusativ
antworten   antworten auf + Akkusativ

Sie finden sie so im Wörterbuch:
- **glau·ben** ['glaʊbn] <glaubt, glaubte, geglaubt> I. *tr* K *jd glaubt an etw akk* meinen, vermuten ~, *dass etw falsch ist* II. *itr* K *jd glaubt an etw akk* für wahr halten *an Gott* ~

8.3 Das Adverb – *darum*

„*Was du heute kannst besorgen, das verschiebe nicht auf morgen.*"
(Deutsches Sprichwort)

Adverbien geben nähere Informationen zu folgenden Angaben
lokal: *Antje wohnt gegenüber.*
temporal: *Markus lädt morgen zum Videoabend ein.*
modal: *Leider kann Jan nicht kommen.*
kausal: *Heike hat Stress zu Hause, darum kommt sie nicht.*

Die Stellung des Adverbs bei:
– Verben:
    *Das habe ich **gern** gelesen.*   Das Adverb steht vor dem Verb.
– Substantiven:
    *Die Frau **da hinten** meine ich.*   Das Adverb steht hinter dem
                                            Substantiv.
– Adjektiven:
    *Der Turm ist **wirklich** hoch.*   Das Adverb steht vor dem Adjektiv.

Außerdem können Adverbien die Funktion übernehmen von:
– Objekten: *Ich finde ihn **nirgends**.*
– Konjunktionen: *Er hat etwas gestohlen, **darum** ist er weggelaufen.*
– Relativ- und Interrogativadverbien:
    *Er ist weg, aber ich weiß nicht, **wohin** er gegangen ist. **Womit** haben wir
    das verdient?*

Einige wenige Adverbien haben Komparativ- und Superlativformen.
Diese sind meist identisch mit denen der Adjektive.

Positiv	Komparativ	Superlativ	Adjektiv
bald	*eher (früher)*	*am ehesten (am frühesten)*	früh
gern	*lieber*	*am liebsten*	lieb
oft	*häufiger*	*am häufigsten*	häufig
sehr	*mehr*	*am meisten*	viel

8.3.1   Die lokalen Adverbien – *oben* oder *unten*

Lokale Adverbien geben an, wo etwas ist.

Wo?	Wo?	Wo?
hier (ganz nah) *Ich bin hier.*	*da* (Anwesenheit) *Der Gast ist da.*	*dort* (etwas entfernt) *Er wartet dort.*
drinnen (im Raum) *Willst du drinnen ...*	*draußen* (außerhalb eines Raumes) *oder draußen warten?*	*drüben* (gegenüber) *Du kannst auch drüben warten.*
außen (Außenseite) *Am Mantel fehlt außen ein Knopf.*	*innen* (Innenseite) *Innen habe ich ihn schon wieder angenäht.*	*überall* (an jedem Ort) *Überall liegen Knöpfe herum.*
irgendwo (der Ort ist nicht bekannt) *Den Stein habe ich irgendwo gefunden.*	*nirgendwo (nirgends)* (es gibt keinen Ort) *Ich kann den Stein nirgends finden.*	*woanders* (an einem anderen Ort) *Ich muss ihn woanders liegen gelassen haben.*

Man kann auch zwei lokale Adverbien miteinander kombi-
nieren.
Ist das Geld hier drin? Oder ist es da drin?

Die Stellung der Lokaladverbien im Satz

Das Lokaladverb kann an verschiedenen Stellen im Satz stehen.

	Satzanfang		Satzmitte	Satzende
	Dort drinnen	spielt	die Musik,	
und	ich	stehe		*draußen.*
	Gestern	spielte	sie **hier**	nicht so laut.

8.3.2 Die direktionalen Adverbien – *Komm runter!*

Die direktionalen Adverbien geben eine Richtung an.

Wohin?	
rauf – runter	*Ich gehe die Treppe rauf.*
vorwärts – rückwärts	*Du musst vorwärts einparken.*
aufwärts – abwärts	*Der Aufzug fährt aufwärts.*
nach links – nach rechts – geradeaus	*Sie müssen erst nach links und dann geradeaus fahren.*
nach oben – nach unten	*Er gehe nach unten in den Keller.*
hierhin – dorthin – dahin	*Schaut doch mal hierhin!*

Woher?	
von dort	*Der Bus muss von dort kommen.*
von rechts – von links	*Der Radfahrer kam von links.*
von oben – von unten	*Der Regen kommt von oben.*
von außen – von innen	*Ich habe von innen abgeschlossen.*

Direktional-Adverbien mit *hin- und her – hinauf und hinunter*

her- bedeutet: zum Sprecher – *Er kommt herauf.*
herauf- (klettern), herüber- (rufen),
herunter- (kommen), heraus- (laufen),
herein- (kommen) ·

hin- bedeutet: vom Sprecher weg – *Er geht hinunter.*
hinauf- (springen), hinüber- (gehen),
hinunter- (schauen), hinaus- (gehen),
hinein- (gehen)

In der Umgangssprache sagt man:
rauf, rüber, runter, raus, rein.

Die Stellung der Direktional-Adverbien im Satz

Die Direktional-Adverbien stehen meist in der Satzmitte oder am Satzende. Bei einer Negation steht das Adverb direkt hinter **nicht**.

		Satzmitte	Satzende
Ich	*habe*	*die Kartoffeln (nicht)* **von unten**	*geholt.*
Jetzt	*gehe*	*ich (nicht)*	**nach oben.**

8.3.3   Die temporalen Adverbien – *gerade heute*

Temporale Adverbien machen Angaben zur Zeit. Sie können **Zeitpunkte oder Zeiträume** in Gegenwart, Vergangenheit oder Zukunft beschreiben:

Wann?	Wann?
Zeitpunkt in der Gegenwart	Zeitpunkt in der Vergangenheit
jetzt – Ich gehe jetzt arbeiten.	*eben (gerade)* – vor ein paar Minuten *Sie hat eben abgewaschen.*
heute – Heute scheint die Sonne.	*gestern, vorgestern* *Gestern schien die Sonne.*
gerade – Ich wasche gerade ab.	*neulich, vor kurzem* *Neulich habe ich abgewaschen.*
da – in dem Moment *Ich saß in der Badewanne. Da* *klingelte es.*	*vorhin* *Du hast vorhin nicht aufgepasst.*
nun – jetzt, als nächstes *Nun hören wir auf zu lernen.*	*einmal* (vor langer Zeit) *Es war einmal eine Zauberin ....*

Zeitraum in der Gegenwart	Zeitraum in der Vergangenheit
heutzutage – Die Kinder sitzen *heutzutage alle vor dem* *Computer.*	*früher – Früher war alles besser.* *damals* (zu der Zeit) *Damals holte man das Wasser noch* *aus dem Brunnen.*

Zeitpunkt in der Zukunft

Wir kommen nächste Woche wieder.

bald, morgen, übermorgen, später, nächste Woche, demnächst

Sie bezeichnen das Verhältnis zu einem anderen Zeitpunkt:

Seitdem er studiert, hat Klaus nicht mehr so viel Zeit wie früher.

vorher, nachher, seitdem, inzwischen, zuerst, danach, dann, zuletzt

... und Angaben zur Vor- und Nachzeitigkeit:

Wollen wir spazieren gehen?

vorher, erst, zuerst	*nachher, dann, danach*

Ja, aber vorher muss ich bügeln ...und nachher muss ich noch aufräumen.

Sie können die Häufigkeit angeben:

Wie oft?	nie, niemals, fast nie, selten, kaum, manchmal, ab und zu, oft, häufig, meistens, fast immer, immer, stets

... oder Dauer:

schon	*Bist du schon fertig?*	schneller als gedacht
noch	*Ich bin noch nicht fertig.*	es dauert etwas länger
erst	*Ich werde erst nächste Woche fertig.*	später als gedacht

Sie machen Angaben zu Tagen und Tageszeiten:	
morgens, mittags, abends	*Morgens mache ich Frühstück.*
montags, dienstags, freitags	*Freitags essen wir Fisch.* (immer)

... und zu Wochen, Monaten usw.:
täglich, wöchentlich, monatlich, jährlich

8.3.4 Die modalen Adverbien – *leider ausverkauft*

Die Aufgaben der modalen Adverbien können sehr verschieden sein. Sie können bewerten, eine Annahme oder Wahrscheinlichkeit ausdrücken:

Bewertung	
glücklicherweise	*Als das Wasser aus der Waschmaschine lief, war sie glücklicherweise zu Hause.*
hoffentlich	*Hoffentlich ist der Winter bald vorbei.*
leider	*Ich habe leider vergessen, wann du Geburtstag hast.*
dummerweise	*Dummerweise bin ich zum Vorstellungsgespräch zu spät gekommen.*
zum Glück	*Zum Glück hat mich die Sekretärin getröstet.*
natürlich	*Willst du mit zum Fußball kommen? Natürlich (will ich das).*
wirklich	*Der schottische Tanz hat wirklich Spaß gemacht.*
Annahme	
anscheinend	*Er läuft jeden Tag 15 Kilometer. Anscheinend macht es ihm Spaß.*
Wahrschein-lichkeit	
bestimmt	*Ich habe den ganzen Tag gewartet. Er hat mich bestimmt vergessen.*
eventuell	*Ich habe eventuell noch eine Freikarte für euch.*
sicherlich	*Die ist sicherlich nicht mehr gültig.*
wahrscheinlich	*Wahrscheinlich werden wir am nächsten Wochenende in den Harz fahren.*
vielleicht	*Vielleicht liegt dort noch ein wenig Schnee.*

 Wörter mit -**weise** sind immer Adverbien.

Modale Adverbien von Adjektiven abgeleitet

Diese Adverbien kennzeichnen die Art und Weise, wie jemand etwas **tut**. Sie haben keine Endung. Sie lassen sich steigern wie Adjektive. ⑂➡ 4.5

gut	*Er spielt gut Fußball.*
schlecht	*Sie isst im Moment schlecht.*
fleißig	*Ina rechnet fleißig die Aufgaben.*
langsam	*Julia kaut langsam ihr Brötchen.*
schnell	*Wir müssen schnell zum Bahnhof.*

Die Graduierung mit Hilfe modaler Adverbien

Modale Adverbien können Adjektive **verstärken**:
*Das sind **sehr** schöne Hemden.*
... oder **abschwächen**: *Das ist **nur** ein kleiner Hund.* ⑂➡ 4.5.1

Die Konkretisierung mit Hilfe modaler Adverbien

nur	*Der Anzug sah gut aus, **nur der Schlips** passte nicht.*
	*Ich wohne in der Stadt, denn **nur dort** finde ich Arbeit.*
auch	*Ich wasche immer das Auto, jetzt bist **auch du** mal dran.*
sogar	*Der neue Apfelbaum ist toll, er trägt **sogar** schon **Früchte**.*

Die Satzstellung der modalen Adverbien

Das Adverb steht am Satzanfang oder in der Satzmitte.
Bei der Negation steht es nach **nicht**.
Bei **einem** Objekt steht es vor dem Objekt.
Bei **zwei** Objekten steht es vor dem Direktional- oder Lokalobjekt.
⑂➡ Kapitel 9.1.3

Satzanfang		Satzmitte		Satzende	
Die Verkäuferin	*möchte*	**sicherlich**	*eine Pause*		*machen.*
Der Kunde	*kauft*	*nicht*	*gern*	*hier*	*ein.*
Bettina	*liest*	*am Abend*	*nicht gern*	*im Bett.*	
Wahrscheinlich	*ist*	*das Kleid*			*zu teuer.*

8.3.5 Die kausalen Adverbien – *deshalb*

Kausaladverbien nennt man auch Textadverbien, weil sie Textteile logisch verbinden. Sie können an Stelle einer Konjunktion stehen. ⅢⅢ➡ 8.1

Was kann logisch verbunden werden?		
Kausaladverb	Grund	Konsequenz
deshalb	*Ich will mein Studium beenden.*	*Deshalb mache ich gerade die Prüfung.*
daher	*Willi hat eine große Familie.*	*Daher muss er zweimal Geburtstag feiern.*
darum	*Sebastian spielt Schlagzeug.*	*Darum ist es immer laut im Haus.*
deswegen	*David surft jede freie Minute im Internet.*	*Deswegen ist die Rechnung so hoch.*
	Konsequenz	Grund
nämlich	*Max muss seine Hände waschen.*	*Sie sind nämlich ganz schmutzig.*
	Feststellung	logische Folge
also	*Der Ehemann hat ein Alibi.*	*Er kann also nicht der Täter sein.*
	Feststellung	Konsequenz ist anders als erwartet.
trotzdem	*Draußen ist es kalt.*	*Trotzdem will ich spazieren gehen.*
	Notwendigkeit	sonst negative Konsequenz
sonst	*Du musst unbedingt mitspielen.*	*Sonst verlieren wir gegen diese starke Mannschaft.*

Die Stellung im Satz

Satzanfang		Satzmitte	Satzende
Es	*ist*	*kalt.*	
Trotzdem	*möchte*	*ich ein Eis*	*essen.*
Beim Italiener	*schmeckt*	*es nämlich*	*so gut.*

Kausaladverbien können am Satzanfang oder in der Satzmitte stehen. **Nämlich** steht immer in der Satzmitte.

8.3.6 Pronominaladverbien – *Wofür?*

Mit Pronominaladverbien erfragt man etwas:
Worüber denkst du gerade nach?
... kann man sich noch einmal auf etwas beziehen:
*Ich habe dir gesagt, **dass du Brot holen möchtest**. Denkst du **daran**?*
... oder sie machen auf etwas aufmerksam, was noch gesagt wird:
*Hör **darauf, was ich dir sage**.*

Pronominaladverbien beziehen sich nur auf ganze Aussagen oder Sachen, aber **nie** auf Personen.

 Bei Personen verwendet man Präpositionen + Fragewörter:
__Auf wen__ freust du dich?   *__Mit wem__ lebst du zusammen?*
__Über wen__ hast du geklagt?

Die Bildung

Pronominaladverbien werden aus einem Adverb und einer Präposition gebildet.

 Folgen zwei Vokale aufeinander, wird ein *r* eingeschoben.

Adverb	Präposition	Beispiel
da		*Wir schenken Oma zum Geburtstag ein Bild.*
	an	*__Daran__ habe ich schon gedacht.*
		Sie haben gestern geheiratet.
	mit	*__Damit__ habe ich nicht gerechnet.*
		Wir haben gewonnen.
	auf	*__Darauf__ lass uns einen trinken.*
		Jurgita hat geschrieben.
	über	*__Darüber__ habe ich mich gefreut.*
hier		*Das Spiel gefällt mir.*
	mit	*__Hiermit__ wollen wir spielen.*
		Zeig mir mal die Gitarre.
	auf	*__Hierauf__ kann man gut Musik machen.*
		Ich habe mich für das Buch entschieden.
	über	*__Hierüber__ wird er sich freuen.*
wo	zu	*__Wozu__ kaufst du das?* (für welchen Zweck?)
	mit	*__Womit__ spielen wir?* (mit welchem Spiel?)
	von	*__Wovon__ sollen wir das bezahlen?*
		(von welchem Geld?)
	auf	*__Worauf__ soll ich mich freuen.* (auf was?)

 Die Pronominaladverbien mit **wo** können auch als Relativpronomen gebraucht werden.
Ich weiß nicht, worauf ich mich freuen soll.

8.3.7 Die Modalpartikel – *Sie liebt ihn doch bloß.*

Sie liebt ihn doch. Sie liebt ihn bloß. Sie liebt ihn halt.
Modalpartikel werden vor allem in der gesprochenen Sprache benutzt, um Emotionen oder Haltungen des Sprechers auszudrücken:

Modal-partikel	Beispielsatz	mögliche Sprecherhaltung
aber	*Das ist aber nett von Ihnen!*	Überraschung
bloß	*Was habe ich da bloß gemacht?*	verstärkt eine Emotion
denn	*Wo wohnst du denn?* *Wie sieht es denn hier aus!*	freundliche Nachfrage Vorwurf
doch	*Das habe ich mir doch gedacht.* *Du wolltest doch gestern kommen.*	Bekräftigung Erwartung wird nicht erfüllt
eben/halt	*So ist das eben.*	es ist nicht zu ändern
eigentlich	*Was willst du eigentlich?*	Verstärkung besonders von Fragen
etwa	*Hast du etwa dein Brot nicht aufgegessen?*	Erstaunen über eine Tatsache
ja	*Du bist ja schon da!* *Ich habe es ja gewusst.*	Überraschung Verärgerung
mal	*Schau doch mal!* *Mach mal bitte das Fenster zu!*	freundliche Aufforderung
nur	*Es ist nur ein Rest übrig.*	Bedauern, Einschränkung
schon	*Ich denke, der Brief wird schon wichtig sein.*	Verstärkung einer Aussage (es kann sein)
wohl	*Das habe ich wohl vergessen.*	etwas wird vermutet

Die Stellung im Satz

Die Modalpartikel stehen immer in der Satzmitte.

Satzanfang		Satzmitte	Satzende
Till	*hat*	*doch morgen Hochzeitstag.*	
Ich	*habe*	*ja seinen Hochzeitstag*	*vergessen.*

Die Modalpartikel stehen meist vor den Adverbien.
*Karin wohnt **doch** hier drüben.*

9 Die Sätze

9.1 Die Satzglieder – *Der Vater badet seinen Sohn.*

Das Verb bildet das Zentrum des Satzes. Es braucht mindestens eine Ergänzung, um einen Satz bilden zu können.
Die wichtigste Ergänzung ist das Subjekt: *Der Vater badet.*
Manche Verben brauchen mehrere Ergänzungen, die in verschiedenen Kasus stehen können. Sie werden Objekte genannt.
*Der Vater badet **seinen Sohn.***
*Der Vater badet **seinen Sohn** in der Badewanne.*

9.1.1 Das Subjekt im Satz – *der Vater*

Das Subjekt ist die Nominativergänzung des Verbs.
Der Vater badet.　　　　　*Das Boot schwimmt auf dem See.*

Fragewort	Frage	Antwort
Wer? (Personen)	**Wer** *badet seinen Sohn?*	*der Vater*
Was? (Dinge, Abstrakta)	**Was** *schwimmt auf dem See?*	*das Boot*

Die Wortart des Subjekts: Es kann ein **Substantiv** oder **Pronomen** sein.
Irina schwimmt im See.　　*Sie schwimmt im See.*
Der See ist sauber.　　　　*Er ist sauber.*

Die Stellung des Subjekts im Satz: Es steht meist am Satzanfang, kann aber auch in der Satzmitte stehen.

Satzanfang	2. Position	Satzmitte	Satzende
Ich	*gehe*		*angeln.*
Gestern	*bin*	*ich mit Hans*	*angeln gegangen.*
	Muss	*ich*	*angeln gehen?*

Für die Stellung des Subjekts ist außerdem die Satzart wichtig.
IIII➤ 9.2

9.1.2 Das Verb (Prädikat) im Satz – *badet*

Das Verb gibt im Satz Informationen darüber:
Was **macht** eine Person (oder mehrere)? *(Der Vater)* **badet** *(seinen Sohn).*
Was **geschieht**? *(Das Wasser)* **spritzt** *(über den Rand der Badewanne).*
Das Verb kann aus einem oder mehreren Teilen bestehen. Das hängt von Art des Verbs und von Tempus und Modus ab. IIII➤ Kapitel 6.10 und 6.11

Das einteilige Verb: – *Der Vater nimmt die Seife.*
Das Verb steht auf Position 2 im Satz.
Ausnahme: ▸ 9.2.5 + 9.4

Das mehrteilige Verb

bei reflexiven Verben	*Er nimmt sich die Seife.*
bei Infinitiven mit zu	*Er hat ein bisschen Angst, das Baby* **zu baden.**

▸ 6.1.2, 6.5.2
Manche Verben bilden im Satz eine **Satzklammer.**

Modalverben	*Er*	**will**	*die Seife*	**nehmen.**
trennbare Verben	*Sie*	**hängt**	*die Wäsche*	**auf.**
zusammengesetzte Tempora	*Wir*	**haben**	*das Handtuch*	**gewaschen**
Konjunktive	*Ich*	**würde**	*das Kind*	**ausfahren.**
Passivformen	*Sie*	**wird**	*vom Vater*	**abgeholt.**

Der konjugierte Teil des Verbs steht meist auf Position 2, der andere Verbteil am Satzende. Außerdem hängt die Position noch von der Art des Satzes ab. ▸ 9.2

9.1.3   Die Objekte im Satz – *seinen Sohn*

Viele Verben brauchen außer dem Subjekt im Satz noch weitere Ergänzungen – die Objekte. Der Kasus des Objekts hängt vom Verb ab:
*Der Vater trocknet **seinen Sohn** ab.* (Akkusativobjekt)
*Er kämmt **ihm** die Haare.* (Dativobjekt)
In einem Satz kann es auch mehrere Objekte geben: *Dann zieht er **ihm den Schlafanzug** an.* (Dativ- und Akkusativobjekt)

Es gibt folgende Objekte:

Das Akkusativobjekt (direktes Objekt)

*Thomas badet **seinen Sohn**.*	**Wen** *badet er?*	*seinen Sohn*
*Thomas wäscht **sein Auto**.*	**Was** *wäscht er?*	*sein Auto*

Das Dativobjekt (indirektes Objekt)

*Er möchte **seiner Frau** helfen.*	**Wem** *will er helfen?*	*seiner Frau*

Die Stellung im Satz von Akkusativ- und Dativobjekt:

Satzanfang	2.Position	Satzmitte	Satzende
Ich *Der Käse*	*möchte* *schmeckt*	*den Käse* *gern selbst* *dem Mann* *gut.*	*essen.*

 Das Dativ- oder Akkusativobjekt kann auch am Satzanfang stehen: ***Den Käse*** *möchte ich selbst essen.* ***Dem Mann*** *schmeckt er.*

Wenn es in einem Satz ein Akkusativ- und Dativobjekt gibt, steht das Dativobjekt vor dem Akkusativobjekt:

Ich	*habe*	**dem Mann**	*meinen Käse*	*geschenkt.*

Ist das Akkusativobjekt ein Pronomen, steht es vor dem Dativobjekt:

Ich	*habe*	*ihn*	**dem Mann**	*geschenkt.*

Das Direktionalobjekt: Präposition + Substantiv im Akkusativ

Es wird bei dynamischen Verben verwendet: *setzen, legen, stellen...*

Tom bringt das Baby **ins Bett.**	**Wohin** *bringt er es?*	*ins Bett*

Die Stellung im Satz: Wenn es im Satz ein Akkusativobjekt gibt, steht es nach diesem.

Die Schwester	*bringt*	*das Baby*	**ins Bett.**

Das Lokalobjekt: Präposition + Substantiv im Dativ

Es wird bei statischen Verben verwendet: *bleiben, liegen, stehen, sitzen, hängen, sein ...*

Das Baby ist **im Bett.**	**Wo** *ist das Baby?*	*im Bett*

Die Stellung im Satz: Es kann am Satzanfang oder -ende stehen.

Subjekt	Verb	Lokalobjekt
Das Baby	*ist*	*im Bett.*
Lokalobjekt		Subjekt
Neben mir	*liegt*	*das Baby.*

Das Präpositionalobjekt

Die Präposition im Dativ oder Akkusativ gehört fest zum Verb und bestimmt den Kasus. ▶ Kapitel 8.2.3

Objekt mit Präposition im Dativ	*Wir beginnen mit der Party.*
Objekt mit Präposition im Akkusativ	*Ich denke an dich.*

Die Stellung im Satz: Präpositionalobjekte stehen am Ende der Satzmitte.

Satzanfang	Verb	Satzmitte	Satzende
Susanne	*denkt*	*jeden Abend **an ihn**.*	

Das Genitivobjekt
Es wird relativ selten gebraucht.

Das ist der Kinderwagen des Babys.	*Wessen Kinderwagen ist das?*	*des Babys.*

9.2 Die Satzarten – *Wie viele gibt es?*

Man unterscheidet verschiedene Satzarten, weil sie unterschiedliche Aussagen treffen können. Das Verb hat dabei unterschiedliche Positionen.

9.2.1 Der Hauptsatz

In Hauptsätzen steht das Verb auf Position 2 oder am Anfang des Satzes. Zu den Hauptsätzen werden folgende Satzarten gezählt:

	Satzarten	Verb	Beispielsatz
.	*Aussagesatz*	*2. Position*	*Ein junger Mann **ging** zum Flughafen.*
?	*W-Frage*	*2. Position*	*Wohin **fliegst** du?*
?	*Ja/Nein-Frage*	*Satzanfang*	***Fliegst** du allein? – Ja.*
!	*Imperativsatz*	*Satzanfang*	***Beeil** dich!*

9.2.2 Der Aussagesatz – *Ich will mehr wissen.*

Das ist die meistgebrauchte Satzart.
Was kann er?

erzählen	*Es war einmal vor vielen Jahren ...*
berichten	*Als wir auf die Straße kamen, passierte der Unfall.*
feststellen	*Heute ist schönes Wetter.*

Positionen im Satz:

Satzanfang (1. Position): Hier steht meist das Subjekt oder ein Adverb.
2. Position: Das ist die Position des konjugierten Verbs.
Die Elemente der Satzmitte:
– **Das Subjekt:** Wenn ein Adverb am Satzanfang steht, ist die Position
  des Subjekts direkt hinter dem Verb.
– **Adverbien:** Sie stehen oft zwischen zwei Objekten oder haben oft
  folgende Reihenfolge in der Satzmitte:
  temporal – kausal – modal – lokal ▐▐▐▶ Adverbien 8.3.
  (wann?) – (warum?) – (wie?) – (wo?)
– **Objekte:** ▐▐▐▶ 9.1.3.
– **Satzende:** hier steht der andere Verbteil

Satz-anfang	Verb	Satzmitte (Subjekt, Adverbien, Objekt)	Satzende
1.Position	2. Position		
Du	*kommst*	*Montag*	*an.*
Dann	*können*	*wir einen Tee*	*trinken gehen.*
Ich	*rufe*	*heute deswegen einmal bei dir*	*an.*
Es	*ist*	*so*	*aufregend.*
Ich	*freue*	*mich schon auf dich.*	

9.2.3 Die Negation im Satz – *Ich darf nicht.*

Nicht steht meist am Ende des Satzes. Es gibt aber Ausnahmen:

Ich	*komme*		**nicht.**		
Thomas	*ruft*		**nicht**	*an.*	2-teiliges Verb
Er	*ist*	*doch*	**nicht**	*da.*	sein+Adverb
Till	*ist*		**nicht**	*sein Onkel.*	sein+Substantiv
Opa	*ist*	*noch*	**nicht**	*alt.*	sein+Adjektiv
Mutter	*fährt*	*heute*	**nicht**	*schnell.*	Adverb der Art und Weise
Sie	*fliegt*	*bestimmt*	**nicht**	*über Prag.*	Objekt+Präposition

9.2.4 Der Fragesatz – *Schmeckt es dir?*

In diesen Sätzen wird nach etwas gefragt. Man unterscheidet:
W- Fragen (Ergänzungsfragen) *Warum bist du so müde?*
Sie beginnen mit einem Fragewort: *wann, warum, weshalb, wieso,
wozu...*

Satzstellung: An erster Stelle steht das Fragewort, das Verb auf Position 2.

Fragewort	Verb	Satzmitte	Satzende
Was	*machst*	*du?*	
Wo	*kommst*	*du*	*her?*

Ja/Nein-Fragen (Entscheidungsfragen) *Bist du allein?*
Auf diese Frage antwortet man mit *ja* oder *nein*.

1. Möglichkeit:

Haben Sie ein eigenes Haus?	
positive Antwort: Ja. (Ich habe	*negative Antwort: Nein, ich habe*
ein eigenes Haus.)	*kein eigenes Haus.*

2. Möglichkeit:

*Haben Sie **nicht** ein eigenes Haus? (Negation in der Frage)*	
Positive Antwort: Doch. (Ich	*negative Antwort: Nein, ich habe*
habe ein eigenes Haus.)	*kein eigenes Haus.*

Satzstellung: Das konjugierte Verb steht am Satzanfang, danach folgt das Subjekt.

Verb	Satzmitte	Satzende
Hältst	*du die Tasche*	*mal?*
Kommt	*ihr nach Feierabend*	*mit ins Kino?*

9.2.5 Der Imperativsatz – *Lauf nicht so schnell!*

Imperativsätze sind Aufforderungssätze, die freundlich, warnend, befehlend oder verbietend gemeint sind. ▮▮▮➤ 6.11.5

Satzstellung: Das Verb steht im Imperativ am Satzanfang.

 Die 1. und 3. Person Plural brauchen eine Nominativergänzung. Sie steht nach dem Verb.

Satzanfang	Satzmitte	Satzende
Geh	*hier*	*weg!*
Kommen	*Sie*	*bitte!*
Bitte komm	*doch*	*mit!*

 Bitte kann vor dem Verb stehen.

9.3 Hauptsatzkombinationen – *Ich lese und du schläfst.*

aber, oder, und: Hauptsätze können durch nebenordnende Konjunktionen miteinander verbunden werden. Die Wortstellung der beiden Hauptsätze ändert sich nicht. ⏩ 8.1

Die Positionen im Satz

Satzanf.	Verb	Satzm.	Satzende	Konj.	Satzanf.	Verb	Satzm.	Satzende
Er	ist	ins Kino	gegangen	**und**	es	hat	noch Karten	gegeben.
Zuerst	war	Werbung,		**aber**	dann	fing	der Film.	an.

9.4 Haupt und Nebensätze – *Ich esse nichts, weil ich satt bin.*

Nebensätze haben einen anderen Satzaufbau als Hauptsätze. Sie können nicht allein stehen. Durch eine unterordnende Konjunktion, auch **Subjunktion** genannt, werden sie mit einem Hauptsatz verbunden. Zwischen Haupt- und Nebensatz steht ein Komma.
Nebensätze werden durch verschiedene Wortarten eingeleitet:
– durch Konjunktionen: *Marie isst viel, **weil** sie wächst.*
– durch ein Fragewort: *Ich weiß, **warum** sie so viel isst.*
– durch ein Relativpronomen: *Heute kommt die Vertreterin, **die** so interessante Bücher hat.*
– durch Infinitive mit um ... zu: *Er geht ins Ausland, **um** dort **zu** studieren.*

Die Positionen im Nebensatz

Allgemeine Regeln:

Hauptsatz	unterordnende Konjunktion	Satzmitte	Satzende Verb

– Das konjugierte Verb steht am Satzende:
  *Ich denke, dass sie **kommt**.*
– Bei einem zweiteiligen Verb steht das Vollverb vor dem Hilfsverb:
  *Ich frage, ob er morgen **eingekauft hat**.*
– Trennbare Verben werden **nicht** getrennt!
  *Ich kann jetzt nicht, weil ich **abwasche**.*
– Bei Modalverben: Das Vollverb im Infinitiv steht vor dem konjugierten Modalverb.   *Ich weiß, dass er mich **abholen will**.*
  Im Perfekt steht das konjugierte Hilfsverb vor den anderen Verbteilen.   *Ich weiß, warum das Unglück **hat kommen müssen**.*
– Die Elemente der Satzmitte sind wie im Hauptsatz geordnet. ⏩ 9.2.1

9.4.1 Konjunktionale Nebensätze – ... , *wenn ich Zeit habe.*

dass, ob, weil, wenn: Die Nebensätze werden durch eine Subjunktion eingeleitet. ▦▶ 8.1.
Wie die Konjunktionen kann man sie nach ihrer Bedeutung in Gruppen einteilen:

Kausale Nebensätze: *da, weil*

Sie geben einen Grund an, der sich auf eine Information im Hauptsatz bezieht.

da – wird besonders in schriftlichen Texten gebraucht.	
***Da** so viele Schüler krank waren,*	*fiel der Ausflug aus.*
Die Schule fiel aus,	***weil** es so heiß war.*

Finale Nebensätze – *dass, damit*

Sie geben einen Zweck, ein Ziel oder eine Absicht an.
Mit **dass** kann man außerdem etwas feststellen.

dass – Ein *dass*-Satz ersetzt oft das Akkusativobjekt.	
Ich möchte,	***dass** wir das Kaninchen behalten.*
Ich gehe jetzt los,	***damit** ich dich noch treffe.*

 Wenn in Haupt- und Nebensatz nur von einer Person die Rede ist, verwendet man **um ... zu + Infinitiv**. Der Infinitiv steht am Satzende.

Ich esse täglich Obst,	***um** gesund **zu bleiben.***

Temporale Nebensätze – *als, bis, seit*

In temporalen Nebensätzen werden mit Hilfe von Subjunktionen Zeitverhältnisse ausgedrückt.

Konjunktionen der Gleichzeitigkeit – Mehrere Handlungen geschehen zur gleichen Zeit.

während	*Während die Kinder ernteten,*	*fuhr der Opa mit dem Traktor.*
solange	*Solange du Fieber hast,*	*solltest du im Bett bleiben.*
sobald	*Sobald der Sommer kommt,* *Sobald er **abgefahren ist**,*	*gehen wir segeln.* ***gehen** wir ins Kino.*

Bei **sobald** kann sich das Tempus in Haupt- und Nebensatz unterscheiden.

Der Zeitpunkt der gleichzeitigen Handlungen liegt in der Vergangenheit.		
als	*Als wir losgingen,*	*schliefst du noch.*

Der Zeitpunkt der gemeinsamen Handlungen ist in der Gegenwart oder Zukunft.		
wenn	*Wenn ich arbeite,*	*brauche ich Ruhe.*
	Wenn du müde wirst,	*geh ins Bett.*

Konjunktionen der Vorzeitigkeit – Das Geschehen des Nebensatzes ist abgeschlossen und geht dem Hauptsatz zeitlich voraus. Darum stehen diese Nebensätze auch oft vor dem Hauptsatz. Das Tempus in Haupt- und Nebensatz ist meist gleich. Ausnahmen sind aber möglich.

Geschehen spielt sich nacheinander in der Vergangenheit ab.	
nachdem	
Nachdem du die Prüfung geschafft hast,	*kannst du dich an der Fachschule bewerben.*
Tempus im Nebensatz: Perfekt	Tempus im Hauptsatz: Präsens
Nachdem er Tennis gespielt hat,	*ist er gleich nach Hause gegangen.*
umgangssprachlich: Das Tempus steht in beiden Sätzen im Perfekt.	

Dauer von einem Zeitpunkt bis jetzt	
seit/seitdem	*Seitdem er raucht, sind die Gardinen grau.*

Konjunktionen der Nachzeitigkeit: Die Handlung des Nebensatzes liegt zeitlich nach der des Hauptsatzes.

	1. Handlung (davor)	2. Handlung (danach)
bevor	*Wir müssen die Katze noch füttern,*	*bevor wir losfahren.*
ehe	*Ehe der Monteur kommt,*	*muss die Wäsche aus der Maschine sein.*

Dauer von jetzt bis zu einem bestimmten Zeitpunkt	
bis	*Ich warte, bis du fertig bist.*

Konditionale Nebensätze – *wenn, falls*

Die Nebensätze drücken eine Bedingung aus. Im Hauptsatz steht die Konsequenz.

Bedingung	Konsequenz
Wenn du aufhörst,	*lasse ich dich in Ruhe.*
Wenn du nicht aufhörst,	*werde ich sauer.*

Bei **falls** ist die Bedingung nicht wahrscheinlich: *Falls du Zeit hast, kannst du den Wasserhahn reparieren.*

Konzessive Nebensätze – *ob, obwohl*

Sie haben eine einschränkende Bedeutung.

ob – Nebensätze drücken Zweifel oder Nichtwissen aus. Sie beziehen sich auf eine Ja/Nein-Frage ohne Fragewort.	
Ich weiß nicht,	*ob er kommt.*

obwohl/obgleich – Die Konsequenz ist anders als erwartet.	
Obwohl ich müde bin,	*kann ich nicht schlafen.*

Konsekutive Nebensätze – *so dass*

Sie drücken eine Folge aus.

	Folge
Er kam viel zu spät,	*sodass der Film fast vorbei war.*
Er kam so viel zu spät,	*dass der Film fast vorbei war.*

Modale Nebensätze – *als ob, wie*

Diese Sätze drücken einen Vergleich aus.

als ob – Etwas ist wahrscheinlich so wie man denkt.	
Es kommt mir vor,	*als ob ich dicker geworden bin.*

so ... wie - bei vergleichenden Adjektiven	
Sie ist so groß,	*wie ihr Bruder einmal werden will.*

Als und **so ... wie** als Satzteilkonjunktion ⟩⟩⟩Kap. 8.1

9.4.2 Positionen der Elemente der konjunktionalen Nebensätze

Haupt- und Nebensatz

Der Nebensatz steht in der Regel an zweiter Stelle.

Subjekt	Verb	Satzmitte	Satzende	Sub-junktion	Satzmitte	Satzende
Wir	waren	am Strand,		als	der Sturm	kam.

Der Nebensatz kann bei einigen Konjunktionen an erster Stelle stehen: *da, während, wenn, nachdem, seitdem, obwohl*

Sub-junktion	Satzmitte	Satzende	Verb	Satzmitte	Satzende
Da	es heute	regnet,	nehme	ich den Schirm	mit.

9.4.3 Nebensätze, die mit *zu + Infinitiv* eingeleitet werden

Der Infinitiv steht meist am Ende des Satzes. ⟶ 6.5.2

Subjekt	Verb	Satzende		Satzende
Ich	habe	heute	keine Zeit, mit dir	zu spielen.

Die Teile **ohne, um, (an)statt** stehen am Anfang des Nebensatzes. Oft steht die Infinitivkonstruktion auch vor dem Hauptsatz.

Ohne mir tschüs zu sagen, verließ er den Raum.

9.4.4 Relativsätze

Diese Nebensätze werden durch ein Relativpronomen eingeleitet. ⟶ 3.7. Sie erklären ein Substantiv oder Pronomen im Hauptsatz näher.

Hauptsatz	Relativpronomen	Satzmitte	Satzende
Das ist Klaus,	mit dem	ich im Urlaub	war.

Relativsätze werden oft in einen Hauptsatz eingeschoben:
*Herr Müller, **der gern Bier trinkt**, hat schon eine rote Nase.*

9.4.5 Nebensätze mit Fragewort

Diese Nebensätze kommen nach den Verben *sagen, fragen, wissen* vor.

Hauptsatz	Fragewort	Satzmitte	Satzende
Weißt du,	wo	mein Vater	ist.

10 Grammatische Varianten des Standard-Sprachgebrauchs in Deutschland, Österreich und der Schweiz

Unterschiede im Sprachgebrauch der einzelnen deutschsprachigen Länder gibt es vor allem in der gesprochenen und weniger in der schriftlichen Sprache. Doch der Kernbestand der grammatischen Unterschiede bleibt auch in der geschriebenen Standardsprache erhalten.

Es gibt im Wesentlichen zwei Sprachvarianten, da es Übereinstimmungen im **österreichischen und süddeutschen** Sprachraum (ö/sd) und auf dem Gebiet der **deutschsprachigen Schweiz und Norddeutschland (s/nd)** gibt.

Einzelne Aspekte dieser beiden Sprachvarianten werden in einer Übersicht gegenübergestellt.

1. Die Verwendung der Modalpartikel (hängt oft mit der unterschiedlichen Intonation zusammen)

ö/sd	*Hast du **vielleicht** meine Schuhe zum Schuster gebracht?*
s/nd	*Hast du **etwa** meine Schuhe zum Schuster gebracht?*
ö/sd	*Hast du **eh** die Brille eingesteckt?*
s/nd	*Hast du **auch** die Brille eingesteckt?*
ö/sd	*Er ist **eben/halt** ein wenig neugierig.*
s/nd	*Er ist **nun mal** ein wenig neugierig.*
ö/sd	*Wer ist **denn** das?*
s/nd	*Wer ist das **denn**?*
ö/sd	*Entschuldigen Sie, wie war Ihr Name?*
s/nd	*Entschuldigen Sie, wie war **doch gleich** ihr Name?*

2. Es gibt Unterschiede bei den Ergänzungen der Verben

ö/sd	s/nd
Ich erinnere mich ...	
***auf** meine Kindheit*	***an** meine Kindheit*
*Vergiss nicht **auf** dein Versprechen!*	*Vergiss dein Versprechen nicht!* ohne Präposition

3. Das Perfekt wird in der Umgangsprache (außer in der Schweiz) bevorzugt.

Österreich/Deutschland	Schweiz
Gestern sind wir in die Schweiz gefahren und haben dort Käse gegessen.	*Wir fuhren in den Schwarzwald und kauften dort eine Kuckucksuhr.*

4. ö/sd: Das Perfekt von *hängen, knien, liegen, reiten, schwimmen, sitzen, stehen* wird mit *sein* gebildet.

*ö/sd: Ich **bin** im Kino gesessen.*	*s/nd: Ich **habe** im Kino gesessen.*

5. ö/sd: Verwendung einer speziellen Plusquamperfekt-Form

Weil ich zu spät gekommen bin,
*ö/sd: ... **haben sie schon alles weggegessen gehabt.***
s/nd: ... hatten sie schon alles aufgegessen.

6. Unterschiede in der Satzbetonung bei reflexiven Verben

*ö/sd: Dort geht etwas vor **sich.***	*s/nd: Dort geht etwas **vor** sich.*

7. Unterschiedlicher Gebrauch der Präpositionen

ö/sd:	s/nd:
*Zahlen Sie bitte **bei der Kassa**!*	*Zahlen Sie bitte **an der Kasse**!*
*Er hat ihr eine Kette **um** 200 Schilling gekauft.*	*Er hat ihr eine Kette **für** 50 Mark gekauft.*
*Die Sache hängt mir **beim** Hals heraus.*	*Die Sache hängt mir **zum** Hals heraus.*
*Er hat eine Prüfung **aus** Spanisch.*	*Er hat eine Prüfung **in** Spanisch.*
*In der Nacht **auf** Sonntag ändert sich der Fahrplan.*	*In der Nacht **zu** Sonntag ändert sich der Fahrplan.*

8. ö/sd: Nebensatz mit *weil* wird häufig als Hauptsatz konstruiert

Ich war gestern nicht zu Hause,...	
*weil **ich habe bei meinem Freund übernachtet.***	*weil ich bei meinem Freund übernachtet habe.*

9. ö/sd: Gebrauch von *bis* anstelle von *sobald*

***Bis** du deine Aufgaben gemacht hast,...*
***Sobald** du deine Aufgaben gemacht hast, darfst du rausgehen.*

10. ö/sd: Gebrauch des Definitartikels vor Eigennamen

Die Marianne kommt heute später.	*Marianne kommt heute später.*

11. Unterschiede im Genus

der Gummi, das Cola, der Kilo	*das Gummi, die Cola, das Kilo*

12. Unterschiede in der Pluralbildung (häuig Umlaute)

die Wägen, die Bögen, die Mägen	*die Wagen, die Bogen, die Magen*

Unterschiede in der Wortbildung ö/sd

1. Besondere Suffixe: -er, -ler, -ner

ein Sechser, Taxler, Ausbildner	*eine Sechs, Taxifahrer, Ausbilder*

2. ö/sd: besondere Diminutivsuffixe: -erl, -el

das Sackerl, das Würstel	*der Sack, das Würstchen*

3. Verlängerte Suffixbildung bei Verben

konkurrenzieren, zensuieren	*konkurrieren, zensieren*

4. Adverb mit Suffix -s

weiters, öfters	*weiter, öfter*

5. Häufige Umlautbildung

eisenhältig, dreifärbig	*eisenhaltig, dreifarbig*

6. Häufiger Gebrauch der Fuge -s, -es

Aufnahmsprüfung, Rindsbraten	*Aufnahmeprüfung, Rinderbraten*

7. Fehlende Fugen bei Substantiven, die vom Verb abgeleitet wurden.

Ausrufsatz, Visitkarte, Wartsaal	*Ausrufesatz, Visitenkarte, Wartesaal*

8. Kompostia: Verwendung anderer Grund- und Bestimmungswörter

Dienstgeber, Dienstnehmer	*Arbeitgeber, Arbeitnehmer*
einschalten, ausschalten	*anmachen, ausmachen*

Unregelmäßige Verben

Infinitiv	Präteritum 3. Person Singular	Partizip II	Infinitiv	Präteritum 3. Person Singular	Partizip II
befehlen	befahl	befohlen	erhalten	erhielt	erhalten
beginnen	begann	begonnen	erkennen	erkannte	erkannt
behalten	behielt	behalten	erscheinen	erschien	ist erschie-
beißen	biss	gebissen			nen
bekommen	bekam	bekommen	erschrecken	erschrak	ist erschro-
belügen	belog	belogen			cken
beraten	beriet	beraten	erziehen	erzog	erzogen
beschließen	beschloss	beschlossen	essen	aß	gegessen
beschreiben	beschrieb	beschrieben	fahren	fuhr	ist gefahren
besitzen	besaß	besessen	fallen	fiel	ist gefallen
bestehen	bestand	bestanden	fangen	fing	gefangen
betragen	betrug	betragen	finden	fand	gefunden
betrügen	betrog	betrogen	fliegen	flog	ist geflogen
beweisen	bewies	bewiesen	fliehen	floh	ist geflohen
bewerben	bewarb	beworben	fließen	floss	ist geflossen
beziehen	bezog	bezogen	fressen	fraß	gefressen
biegen	bog	gebogen	frieren	fror	hat/ist
bieten	bot	geboten			gefroren
binden	band	gebunden	geboren	wurde	ist geboren
bitten	bat	gebeten	werden	geboren	worden
blasen	blies	geblasen	geben	gab	gegeben
bleiben	blieb	ist geblieben	gefallen	gefiel	gefallen
braten	briet	gebraten	gehen	ging	ist gegangen
brechen	brach	hat/ist	gelingen	gelang	ist gelungen
		gebrochen	gelten	galt	gegolten
brennen	brannte	gebrannt	genießen	genoss	genossen
bringen	brachte	gebracht	geraten	geriet	ist geraten
denken	dachte	gedacht	geschehen	geschah	ist ge-
dringen	drang	ist gedrun-			schehen
		gen	gewinnen	gewann	gewonnen
dürfen	durfte	dürfen/ge-	gießen	goss	gegossen
		durft *Modal-*	gleiten	glitt	ist geglitten
		verb/Vollverb	graben	grub	gegraben
enthalten	enthielt	enthalten	greifen	griff	gegriffen
entlassen	entließ	entlassen	haben	hatte	gehabt
empfehlen	empfahl	empfohlen	halten	hielt	gehalten
entscheiden	entschied	entschieden	hängen	hing	hat/ist
entschließen	entschloss	entschlossen			gehangen
entsprechen	entsprach	entsprochen	hauen	haute	gehauen
entstehen	entstand	ist entstan-		(hieb)	
		den	heben	hob	gehoben
erfahren	erfuhr	erfahren	heißen	hieß	geheißen
erfinden	erfand	erfunden	helfen	half	geholfen

Infinitiv	Präteritum 3. Person Singular	Partizip II	Infinitiv	Präteritum 3. Person Singular	Partizip II
kennen	kannte	gekannt	saugen	saugte	gesaugt
klingen	klang	geklungen		(sog)	(gesogen)
kommen	kam	ist gekom-men	schaffen	schuf/	geschaffen/
				schaffte	geschafft
können	konnte	können/	scheinen	schien	geschienen
		gekonnt	schieben	schob	geschoben
		Modalverb/	schießen	schoss	geschossen
		Vollverb	schlafen	schlief	geschlafen
laden	lud	geladen	schlagen	schlug	geschlagen
laufen	lief	ist gelaufen	schleifen	schliff/	geschliffen/
lassen	ließ	lassen/		schleifte	geschleift
		gelassen	schließen	schloss	geschlossen
leiden	litt	gelitten	schmeißen	schmiss	geschmissen
leihen	lieh	geliehen	schmelzen	schmolz	hat/ist ge-schmolzen
lesen	las	gelesen			
liegen	lag	hat/ist gelegen	schneiden	schnitt	geschnitten
			schreiben	schrieb	geschrieben
lügen	log	gelogen	schreien	schrie	geschrie(e)n
mahlen	mahlte	gemahlen	schweigen	schwieg	geschwiegen
meiden	mied	gemieden	schwimmen	schwamm	hat/ist ge-schwommen
melken	melkte	gemelkt (gemolken)	schwören	schwor	geschworen
messen	maß	gemessen	sehen	sah	gesehen
misslingen	misslang	ist miss-lungen	sein	war	ist gewesen
			senden	sandte	gesandt
missver-stehen	missver-stand	missver-standen		(sendete)	(gesendet)
			singen	sang	gesungen
mögen	mochte	mögen/	sinken	sank	ist gesunken
		gemocht	sitzen	saß	(hat/ist)
		Modalverb/			gesessen
		Vollverb	sprechen	sprach	gesprochen
müssen	musste	müssen/	springen	sprang	ist ge-sprungen
		gemusst			
nehmen	nahm	genommen	stechen	stach	gestochen
nennen	nannte	genannt	stehen	stand	hat/ist gestanden
pfeifen	pfiff	gepfiffen			
raten	riet	hat/ist geraten	stehlen	stahl	ist gestiegen
			steigen	stieg	ist gestiegen
reiben	rieb	gerieben	sterben	starb	ist gestorben
reißen	riss	gerissen	stoßen	stieß	gestoßen
reiten	ritt	hat/ist geritten	streichen	strich	gestrichen
			streiten	stritt	gestritten
rennen	rannte	ist gerannt	tragen	trug	getragen
riechen	roch	gerochen	treffen	traf	getroffen
rufen	rief	gerufen	treiben	trieb	getrieben
salzen	salzte	gesalzt (gesalzen)	treten	trat	getreten
			trinken	trank	getrunken
saufen	soff	gesoffen	tun	tat	getan
			überweisen	überwies	überwiesen

142

Infinitiv	Präteritum 3. Person Singular	Partizip II	Infinitiv	Präteritum 3. Person Singular	Partizip II
unterhalten	unterhielt	unterhalten	wachsen	wuchs	ist gewachsen
unterscheiden	unterschied	unterschieden	waschen	wusch	gewaschen
unterschreiben	unterschrieb	unterschrieben	wenden	wendete/ wandte	gewendet/ gewandt
verbieten	verbot	verboten	werben	warb	geworben
verbinden	verband	verbunden	werden	wurde	ist worden/ geworden
verbringen	verbrachte	verbracht			
vergessen	vergaß	vergessen	werfen	warf	geworfen
vergleichen	verglich	verglichen	wiegen	wog/ wiegte	gewogen/ gewiegt
verhalten	verhielt	verhalten			
verlassen	verließ	verlassen	winken	winkte	gewunken (gewinkt)
verlieren	verlor	verloren			
verraten	verriet	verraten	wissen	wusste	gewusst
verschreiben	verschrieb	verschrieben	wollen	wollte	wollen/ gewollt
verschwinden	verschwand	ist verschwunden			*Modalverb/ Vollverb*
versprechen	versprach	versprochen			
verstehen	verstand	verstanden	ziehen	zog	gezogen
vertreten	vertrat	vertreten	zwingen	zwang	gezwungen
verzeihen	verzieh	verziehen			

Stichwortregister

Ableitung 98
  mit Präfixen 99
  mit Verbzusätzen 100
  mit Suffixen 101
Adjektiv 42
  ohne Artikel 43
  Definitartikel 44
  nach Indefinitartikel 45
  substantivierte Adjektive 48
  Komparation 48
  Abschwächung, Verstärkung 50
Adverb 117
  direktional 119
  kausal 124
  lokal 118
  modal 122
  temporal 120
  Graduierung 123
  Konkretisierung 123
  Pronominaladverb 125
Anrede 27
Artikel 9
  -Definitartikel 9
  -Indefinitartikel 10
  -Negationsartikel 11

Datum 59

es 27

Frage 131
  Entscheidungsfrage (Ja/Nein) 132
  W-Frage 131
Futur I,II 85, 86

haben 65
Hauptsatz 130
  Aussagesatz 130
  Imperativsatz 132

Imperativ 93
Indikativ 87
Infinitiv 69
  Infinitiv mit zu 71

kein 11
können 66
Komparation 48
Komposita (Zusammensetzung) 103
Konjunktionen 106
  nebenordnend 106
  unterordnend (Subjunktion) 108

adversativ 107
disjunktiv 107
final 109
konditional 110
konsekutiv 110
kausal 107
konzessiv 110
kopulativ 106
modal 110
temporal 109
Konjunktiv I, II 88, 91

Maße 57
Modalpartikel 126
Modus des Verbs 86
möchten 66
müssen 66

Nebensatz 133
konjunktional 134
mit zu + Infinitv 137
Relativsätze 137
mit Fragewort 137
Negationsartikel 11
nicht 11

Objekt 21, 128
Akkusativ 128
Dativ 128
Genitiv 130
lokal 129
Präpositional~ 130

Partizip 73
Passiv 94
Perfekt 80
Plusquamperfekt 85
Präfixe 99
Präsens 79
Präposition 111
mit Dativ 113
mit Akkusativ 112
mit Akkusativ und Dativ 115
mit Genitiv 117
direktional 113
final 113
kausal 113
lokal 113
modal 113
temporal 112
Präteritum 83
Pronomen 25
Demonstrativpronomen 31
Indefinitpronomen 37
Interrogativpronomen 35
Personalpronomen 26
Possessivpronomen 29

Reflexivpronomen 28
Relativpronomen 35
Pronominaladverb 125

Relativsatz 137

Satz 127
Hauptsatz 130
Satzklammer 128
sein 65
sollen 66
Subjekt 127
Subjunktion 108
Suffixe 101

Tempora 78
Futur I,II 85, 86
Perfekt 80
Plusquamperfekt 85
Präsens 79
Präteritum 83

Uhrzeit 55

Verb 60
Bildung Verbformen 75
finite Form 75
Funktionsverben 62
Hilfsverb 65
Imperativ 93
Indikativ 87
intransitiv, transitiv 61
Konjunktive I,II 88, 91
Modalverb 66
Modus 86
Passiv 94
Partizip 73
Personalformen 77
persönlich, unpersönlich 62
reflexiv 62
regelmäßige Verben 76
Tempora 78
unregelmäßige Verben 76
Verben mit Präpositionen 117
(mit) Verbzusatz 63
Vollverb 61

werden 65
wollen 66
Wortbildung 98
Ableitung 98

Zahlen 51
Bruchzahlen 57
Grundzahlen 53
Jahreszahlen 55
Ordnungszahlen 58

144